Sozialvorschriften für Kraftfahrer

BKF Kompass

EU-Weiterbildung und beschleunigte Grundqualifikation

Bestell-Nr. 31211
8. Auflage

VERKEHRSVERLAG FISCHER

Autoren:

Marc Pospiech
Thomas Czwalinna

ISBN 978-3-87841-007-2 • Bestell-Nr. 31211

Copyright © 2024 – 8. Auflage
Verkehrs-Verlag J. Fischer GmbH & Co. KG,
Corneliusstraße 49, D - 40215 Düsseldorf

Herstellung und Vertrieb:

VERKEHRSVERLAG FISCHER

Verkehrs-Verlag J. Fischer GmbH & Co. KG,
Corneliusstraße 49, D - 40215 Düsseldorf

Telefon: +49 (0)211 / 9 91 93 - 0
Telefax: +49 (0)211 / 9 91 93 - 27
E-Mail: vvf@verkehrsverlag-fischer.de
Internet: www.verkehrsverlag-fischer.de

Alle Rechte vorbehalten.

Inhaltsverzeichnis

		Seite
Vorwort		5
2.1	**Sozialrechtliche Rahmenbedingungen und Vorschriften für den Güterkraft- und Personenverkehr**	7
2.1.1	**Arbeitszeiten in der Verkehrsbranche**	7
2.1.1.1	Tägliche Arbeitszeit	8
2.1.1.2	Wöchentliche Arbeitszeit	10
2.1.1.3	Pausenzeiten	11
2.1.1.4	Bereitschaftszeit	13
2.1.1.5	Sonn- und Feiertagsbeschäftigung	14
2.1.1.6	Dokumentation der Arbeitszeiten	14
2.1.2	**Anwendungsbereich der VO (EG) Nr. 561/2006 (Verordnung zu Lenk- und Ruhezeiten)**	15
2.1.2.1	Tageslenkzeiten	17
2.1.2.2	Wochenlenkzeiten	18
2.1.2.3	Fahrtunterbrechungen	20
2.1.2.4	Tägliche Ruhezeiten	21
2.1.2.5	Wöchentliche Ruhezeiten	24
2.1.2.6	Mehrfahrerbetrieb	28
2.1.2.7	Zeiten auf einer Fähre oder einem Zug	30
2.1.2.8	Besonderheiten im grenzüberschreitenden Personenverkehr („12-Tage-Regelung")	31
2.1.2.9	Nachweis über berücksichtigungsfreie Tage nach nationalem und internationalem Muster	34
2.1.2.10	„Notstandsklausel" gem. Artikel 12 (VO EG 561/2006)	37

Inhaltsverzeichnis

		Seite
2.1.3	**Der Fahrtenschreiber**	41
2.1.3.1	Allgemeines	41
2.1.3.2	Grundsätzliches	41
2.1.3.3	Aufgaben	41
2.1.3.4	Aufbau des digitalen Fahrtenschreibers	42
2.1.3.5	Fahrtenschreiber Generation 2 / Version 2 (G2V2)	43
2.1.3.6	Informationen zum Display und Bedienung	43
2.1.3.7	Technik	45
2.1.3.8	Eingaben und Einstellungen	46
2.1.3.9	Fahrtenschreiberkarten	47
2.1.3.10	Fahrerkarte	48
2.1.3.11	Unternehmenskarte	51
2.1.3.12	Bescheinigungen von Tätigkeiten	52
2.1.4	**Pflichten, Kontrollen, Hinweise**	55
2.1.4.1	Behördliche Belege, Straßenkontrollformular, entrichtete Bußgelder	55
2.1.4.2	Ausdrucke	58
2.1.4.3	Pflichten des Fahrers	58

Anhang	61
Leitlinien 1 – 8	63
Verordnung (EG) Nr. 561/2006	81
Verordnung (EU) Nr. 165/2014	107
Arbeitszeitgesetz (ArbZG)	151
Arbeitszeitgesetz für selbständige Kraftfahrer (KrFArbZG)	171

Vorwort

Das Buch in der Reihe Berufskraftfahrer Kompass „SOZIALVORSCHRIFTEN FÜR KRAFTFAHRER" beinhaltet alle wichtigen Regelungen aus den Bereichen:

- VO (EG) Nr. 561/2006 vom 20.08.2020
- VO (EU) Nr. 165/2014 vom 20.08.2020
- Arbeitszeitgesetz (ArbZG) vom 22.12.2020
- Gesetz zur Regelung der Arbeitszeit von selbständigen Kraftfahrern vom 16.05.2017

Vorrangiges Anliegen der Autoren ist die verständliche Aufbereitung sowie die strukturierte und praxisnahe Darstellung komplexer Zusammenhänge. Durch eine Vielzahl von Grafiken und Beispielen aus dem Tagesgeschäft der Transportbranche erhält der Leser (in erster Linie Fahrer und Disponenten) einen umfassenden Überblick zu allen relevanten Rechtsbereichen.

Ziel ist es, Kraftfahrer im Bereich der Sozialvorschriften im Straßenverkehr einzuweisen.

Über die reinen gesetzlichen Regelungen hinaus, werden auch Hilfsmittel und Equipment zur Organisation von Fahrer und Fuhrpark anschaulich erläutert.

Arbeitszeit

2.1 Sozialrechtliche Rahmenbedingungen und Vorschriften für den Güterkraft- und Personenverkehr

2.1.1 Arbeitszeiten in der Verkehrsbranche

Das **Arbeitszeitgesetz (ArbZG)** gilt parallel zu den EU-einheitlichen Vorschriften der Lenk- und Ruhezeiten und bildet den zeitlichen Arbeitsrahmen. Da es sich um eine nationale Rechtsvorschrift handelt, gilt es ausschließlich für Arbeitnehmer eines in Deutschland ansässigen Unternehmens. Das Arbeitszeitgesetz selbst dient als Schutzvorschrift für Arbeitnehmer, d. h. ausschließlich der Arbeitgeber kann gegen Bestimmungen des Gesetzes verstoßen!

Die im Gesetz genannten höchstzulässigen täglichen Arbeitszeiten sind gleichermaßen auch auf Kraftfahrer anzuwenden und bei der Tourenplanung zwingend zu berücksichtigen! Für selbstständige Kraftfahrer gelten die Regelungen des Arbeitszeitgesetzes jedoch nicht! Für diesen Personenkreis wurde ein eigenständiges Gesetz, das Gesetz zur Regelung der Arbeitszeit von selbstständigen Kraftfahrern (KrFArbZG) erlassen.

Für Fahrer von Fahrzeugen über 3,5 t zHM sind darüber hinaus auch noch die Regelungen der EU-Richtlinie 2002/15/EG anzuwenden. Die dort genannten Rahmenbedingungen sind für alle EU-Staaten verbindlich!

Deutschland hat diese vorgenannte Richtlinie in § 21a des Arbeitszeitgesetzes umgesetzt.

Arbeitsplatz:

Das Arbeitszeitgesetz enthält neben den Vorschriften über die „üblichen" Arbeitsplätze in Betrieben, Büros, Werkstätten usw. auch solche zu Arbeitsplätzen für Kraftfahrer.

In der Regel ist das Fahrzeug der Arbeitsplatz des Fahrpersonals. Aber auch die Örtlichkeiten, an denen das Fahrzeug be- oder entladen wird, Fahrgäste ein- oder aussteigen, sind Arbeitsplätze des Fahrpersonals.

2.1.1

Fahrpersonal:

Das Fahrpersonal umfasst nach dem Arbeitszeitgesetz Fahrer und den Beifahrer. Dies bedeutet, dass nicht nur Fahrer mit abgeschlossener Berufsqualifizierung nach Berufskraftfahrerqualifizierungsgesetz und -verordnung Fahrpersonal im rechtlichen Sinn sind, sondern auch der Auszubildende und der Praktikant.

2.1.1.1 Tägliche Arbeitszeit

Neben den EU-einheitlichen Vorschriften der Lenk- und Ruhezeiten sind auch die Regelungen des Arbeitszeitgesetzes einzuhalten:

- regelmäßige tägliche Arbeitszeit: 8 Std. (Durchschnitt)
- maximale tägliche Arbeitszeit: 10 Std.
- regelmäßige wöchentliche Arbeitszeit innerhalb von 4 Monaten: 48 Std.
- maximale wöchentliche Arbeitszeit: 60 Std. (bei 6-Tage-Woche)

Nachfolgende Tätigkeiten sind u. a. als Arbeitszeiten für Fahrer anzusehen:

- Lenken
- Be- und Entladetätigkeiten
- Abfahrtskontrolle
- Fahrzeugpflege / Dokumentenpflege
- Wartezeiten (wenn die voraussichtliche Zeit nicht bekannt / abschätzbar ist)
- Ruhepausen unter 15 Minuten

Zu den Arbeitszeiten gehören u. a. **NICHT**:

- Ruhepausen / Fahrtunterbrechungen
- tägliche oder wöchentliche Ruhezeiten
- Bereitschaftszeiten
- Zeiten als Beifahrer, wenn keine weiteren Tätigkeiten durchgeführt werden
- Urlaubs- oder Krankheitszeiten

Arbeitszeit

Beispielhafter Arbeitstag eines Kraftfahrers

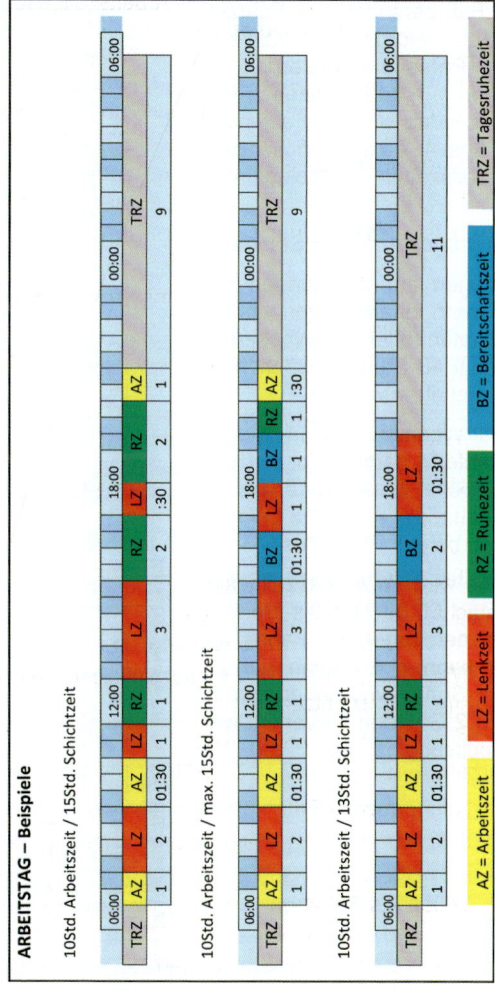

2.1.1

2.1.1.2 Wöchentliche Arbeitszeit

Für das Fahrpersonal von Fahrzeugen zur Güterbeförderung > 3,5 t zHM oder zur Personenbeförderung mit Fahrzeugen > 9 Sitzplätzen (*einschließlich Fahrersitz*) sind eigens im § 21 a Abs. 4 ArbZG wöchentliche Höchstarbeitszeiten festgelegt worden.

Dies sind grundsätzlich 48 Stunden.

Erweiterungen auf 60 Stunden sind möglich, wenn innerhalb von vier Kalendermonaten oder 16 Wochen im Durchschnitt 48 Stunden wöchentlich nicht überschritten werden.

Diese 16 Wochen bzw. 4 Monate sind fortlaufend gemeint, d. h. die 1. bis 16. Woche, dann die 2. bis 17. Woche, dann die 3. bis 18. Woche, dann die 4. bis 20. Woche usw.

Die Woche wird im Arbeitszeitgesetz von Montag 00:00 Uhr bis Sonntag 24:00 Uhr gerechnet. Für Fahrer und Beifahrer kann der Beginn der 24-stündigen Sonn- und Feiertagsruhe um bis zu 2 Stunden vorverlegt werden (Arbeitsbeginn ab 22:00 Uhr möglich).

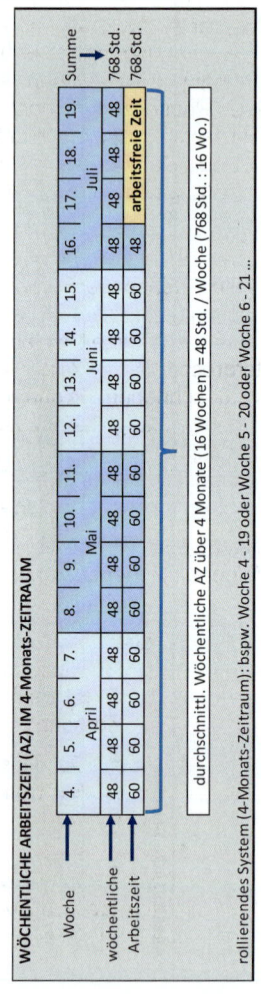

2.1.1.3 Pausenzeiten

Innerhalb festgelegter Zeiten hat das Fahrpersonal Fahrtunterbrechungen / Ruhepausen einzulegen. Die Pausenzeiten nach dem Arbeitszeitgesetz sind nicht identisch mit den Regelungen zur Fahrtunterbrechungen nach der VO (EG) Nr. 561/2006.

Zunächst gehen die letztgenannten Zeiten denen des Arbeitszeitgesetzes vor, d.h. spätestens nach 4:30 Stunden Lenkzeit ist eine Fahrtunterbrechung von mind. 45 Minuten vorgeschrieben. Wann eine Fahrtunterbrechung/Ruhepause erforderlich ist, richtet sich danach, welches Ereignis früher eintritt: 4:30 Stunden Lenkzeit oder 6 Stunden Arbeitszeit.

Nach dem Arbeitszeitgesetz sind folgende Ruhepausen einzuhalten:

- bei 6 bis 9 Arbeitsstunden:
  - 30 Minuten spätestens nach 6 Arbeitsstunden
- über 9 Arbeitsstunden:
  - 45 Minuten

Hinweis:
Ruhepausen von 30 oder 45 Minuten können auch in Zeitabschnitte von jeweils 15 Minuten aufgeteilt werden!

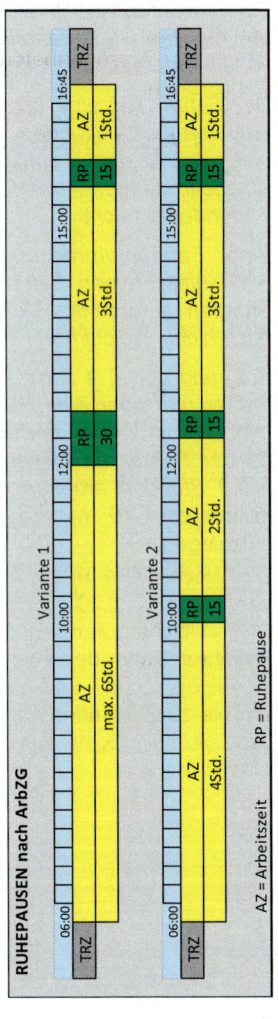

2.1.1

Beispiel:

Ein Fahrer fährt im Nahverkehr Kunden an, die ihren Sitz räumlich nicht weit voneinander entfernt haben.

Der Fahrer hat eine summierte Lenkzeit von 3:45 Stunden, aber bereits eine Arbeitszeit (Lenkzeit, Be- und Abladevorgänge, Auslieferungen) von 6 Stunden erreicht.

Eine Fahrtunterbrechung wäre erst nach einer reinen Lenkzeit von 4:30 Stunden erforderlich, die er jedoch noch nicht erreicht hat.

Aufgrund von § 4 ArbZG muss dieser Fahrer nun aber eine Ruhepause von mindestens 30 Minuten einlegen. Würde der Fahrer an diesem Tag länger als 9 Stunden arbeiten, hat er sogar mindestens 45 Minuten Ruhepause einzulegen.

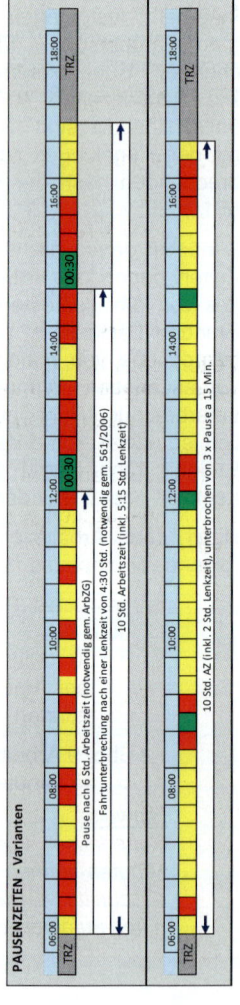

Arbeitszeit

2.1.1.4 Bereitschaftszeit

Speziell für das Fahrpersonal wurde in § 21a ArbZG festgelegt, welche Tätigkeiten der Arbeitszeit angerechnet werden und unter welchen Umständen diese Zeiten als Bereitschaftszeit anzusehen sind.

Bereitschaftszeiten sind:

1. Wartezeit auf Be- und Entladung oder bei Grenzabfertigung,
2. Zeit als Beifahrer während der Fahrt, wenn keine weiteren Tätigkeiten ausgeführt werden.

Zeiten nach Nummer 1 zählen nur dann zur Bereitschaftszeit, wenn der Zeitraum und dessen voraussichtliche Dauer im Voraus, spätestens unmittelbar vor Beginn des betreffenden Zeitraums dem Fahrer bekannt sind.

Bereitschaftszeiten werden im vollen Umfang von Beginn an nicht auf die tägliche Arbeitszeit angerechnet.

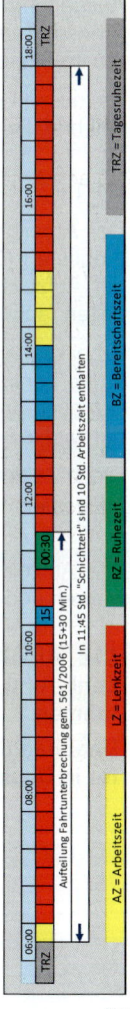

2.1.1

2.1.1.5 Sonn- und Feiertagsbeschäftigung

Ausgenommen hiervon sind u. a. Verkehrsbetriebe sowie der Transport und Kommissionierung von leicht verderblichen Waren im Sinne der Straßenverkehrsordnung.

Es müssen **mindestens 15 Sonntage** im Jahr **beschäftigungsfrei** bleiben.

2.1.1.6 Dokumentation der Arbeitszeiten

Der Arbeitgeber hat die Arbeitszeit seiner Mitarbeiter zu dokumentieren (Dokumentationspflicht). Der Arbeitnehmer muss bei der Aufzeichnung mitwirken (Mitwirkungspflicht). ALLE Arbeitszeiten (auch bei weiteren Arbeitgebern!) sind zu addieren.

Arbeitszeiten innerhalb oder außerhalb des Verkehrssektors sowie Lenkzeiten in einem Fahrzeug, das für gewerbliche Zwecke auch außerhalb der Verordnung (EG) Nr. 561/2006 verwendet wird, sind vom Fahrer als andere Arbeiten festzuhalten.

Diese Zeiten sind entweder handschriftlich auf einem Schaublatt oder einem Ausdruck einzutragen oder manuell in den Fahrtenschreiber einzugeben!

Alle Aufzeichnungen hat der Arbeitgeber zwei Jahre aufzubewahren und den Mitarbeitern auf Verlangen auszuhändigen.

> **Das Arbeitszeitgesetz gilt neben den Vorschriften der Lenk- und Ruhezeiten und bildet den zeitlichen Arbeitsrahmen.**
>
> **Unabhängig vom Beschäftigungsort gilt das Gesetz nur für in Deutschland angestellte Arbeitnehmer!**

2.1.2 Anwendungsbereich der VO (EG) Nr. 561/2006 (Verordnung zu Lenk- und Ruhezeiten)

- Fahrzeuge und Fahrzeugeinheiten zur Güterbeförderung, deren zulässige Gesamtmasse (zGM) einschließlich Nutzlast 3,5 Tonnen übersteigt.

- Fahrzeuge zur Personenbeförderung mit mehr als neun Personen einschließlich Fahrer.

2.1.2

Die Verordnung (EG) Nr. 561/2006 gilt – unabhängig vom Land der Zulassung des Fahrzeugs – für Beförderungen im Straßenverkehr ausschließlich innerhalb der Gemeinschaft oder zwischen der Gemeinschaft und den Vertragsstaaten des Abkommens über den Europäischen Wirtschaftsraum.

Auch gelten die Vorschriften in den Fällen, wenn der Fahrer vom öffentlichem Verkehrsraum auf ein Betriebsgelände wechselt.

Fahrzeuge, welche aufgrund ihrer Bauart zur Güterbeförderung geeignet sind, unterliegen ebenfalls der Vorschrift, unabhängig davon, ob tatsächlich Güter befördert werden oder nicht!

Ziele der vorgenannten Verordnung sind:

- Gesundheitsschutz der Beschäftigten
- Verbesserung der Verkehrssicherheit (Drittschutz)
- Harmonisierung des Wettbewerbs.

Hinweis:

Ausgenommen sind Fahrzeuge, die in Artikel 3 der Verordnung (EG) Nr. 561/2006 genannt sind, diese Ausnahmen gelten in allen Mitgliedstaaten!

Darüber hinaus sind weitere Ausnahmen in Artikel 13 der Verordnung (EG) Nr. 561/2006 genannt, diese gelten jedoch nur auf dem jeweiligen Hoheitsgebiet der betreffenden Mitgliedstaaten. Vorausgesetzt, diese Ausnahmen wurden in einer nationalen Rechtsvorschrift übernommen!

Für Deutschland gelten daher weitere Ausnahmen, die in § 18 Abs. 1 der Fahrpersonalverordnung – FPersV abschließend genannt sind.

Lenk- und Ruhezeiten

LENKZEITEN

2.1.2.1 Tageslenkzeiten

Die Tageslenkzeit (TLZ) ist die summierte Gesamtlenkzeit zwischen dem Ende einer täglichen Ruhezeit und dem Beginn der darauf folgenden täglichen Ruhezeit oder zwischen einer täglichen und einer wöchentlichen Ruhezeit.

Die tägliche Lenkzeit darf 9 Stunden grundsätzlich nicht überschreiten.

Die tägliche Lenkzeit darf jedoch bis zu zweimal in der Woche auf höchstens 10 Stunden verlängert werden.

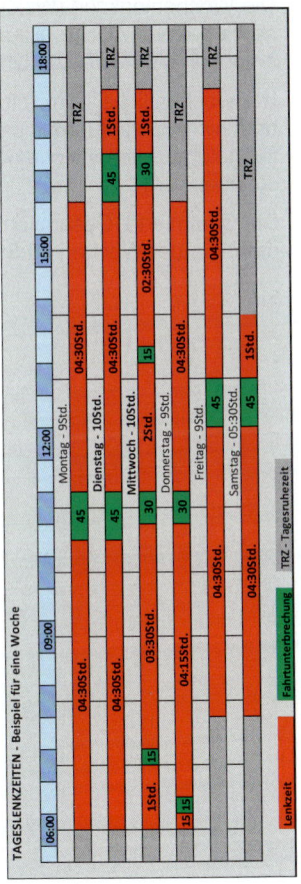

2.1.2.2 Wochenlenkzeiten

Die Wochenlenkzeit (WLZ) ist die summierte Gesamtlenkzeit innerhalb einer Woche. Eine Woche umfasst dabei den Zeitraum zwischen Montag 00.00 Uhr und Sonntag 24.00 Uhr.

Die wöchentliche Lenkzeit darf 56 Stunden nicht überschreiten und nicht dazu führen, dass die in der Richtlinie 2002/15/EG festgelegte wöchentliche Höchstarbeitszeit von 60 Stunden überschritten wird.

Die summierte Gesamtlenkzeit darf während zweier aufeinanderfolgender Wochen **90 Stunden nicht überschreiten**.

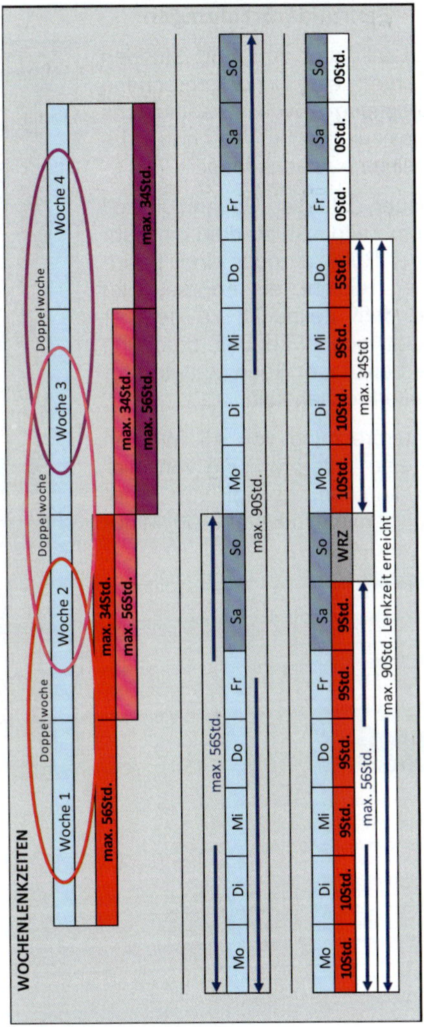

Lenk- und Ruhezeiten

2.1.2

2.1.2.3 Fahrtunterbrechungen

Nach einer Lenkdauer von 4:30 Stunden hat ein Fahrer eine ununterbrochene Fahrtunterbrechung von wenigstens 45 Minuten einzulegen. Im Anschluss daran beginnt eine neue Lenkdauer.

Die Lenkdauer ist die Gesamtlenkzeit zwischen dem Zeitpunkt, zu dem ein Fahrer nach einer Ruhezeit oder einer Fahrtunterbrechung beginnt, ein Fahrzeug zu lenken, und dem Zeitpunkt, zu dem er eine Ruhezeit oder Fahrtunterbrechung einlegt. Die Lenkdauer kann ununterbrochen oder unterbrochen sein.

Die Fahrtunterbrechung von 45 Minuten kann durch eine Unterbrechung von mindestens 15 Minuten, gefolgt von einer Unterbrechung von mindestens 30 Minuten, ersetzt werden.

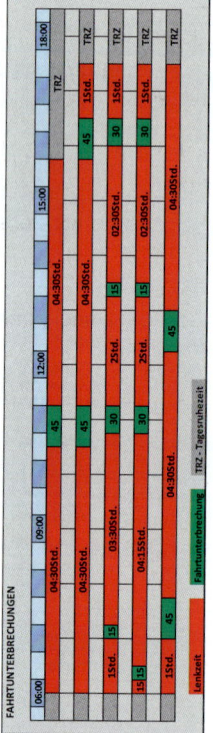

Lenk- und Ruhezeiten

2.1.2.4 Tägliche Ruhezeiten

Die tägliche Ruhezeit beschreibt den täglichen Zeitraum, in dem ein Fahrer frei über seine Zeit verfügen kann und der eine „regelmäßige tägliche Ruhezeit" und eine „reduzierte tägliche Ruhezeit" umfasst.

Die regelmäßige tägliche Ruhezeit ist eine Ruhepause von mindestens 11 Stunden.

Ruhepause ist jeder ununterbrochene Zeitraum, in dem ein Fahrer frei über seine Zeit verfügen kann.

Diese regelmäßige tägliche Ruhezeit kann auch in zwei Teilen (sog. „Splitting") genommen werden, wobei der erste Teil einen ununterbrochenen Zeitraum von mindestens 3 Stunden und der zweite Teil einen ununterbrochenen Zeitraum von mindestens 9 Stunden umfassen muss.

Diese Variante wäre grundsätzlich immer möglich und wird nicht als verkürzte tägliche Ruhezeit betrachtet. Es ist jedoch immer zu beachten, dass die täglich einzuhaltenden Ruhezeiten innerhalb eines Zeitraums von 24 Stunden beendet sein müssen.

2.1.2

Neben dem sog. „Splitting" der Ruhezeit ist es zusätzlich max. 3 mal je Woche möglich, die regelmäßige tägliche Ruhezeit auf bis zu 9 Stunden ohne zeitlichen Ausgleich zu verkürzen.

Innerhalb von 24 Stunden nach dem Ende der vorangegangenen täglichen oder wöchentlichen Ruhezeit muss der Fahrer eine neue tägliche Ruhezeit genommen haben.

Beträgt der Teil der täglichen Ruhezeit, die in den 24-Stunden-Zeitraum fällt, mindestens 9 Stunden, jedoch weniger als 11 Stunden, so ist die fragliche tägliche Ruhezeit als reduzierte tägliche Ruhezeit anzusehen.

Eine tägliche Ruhezeit kann verlängert werden, sodass sich eine regelmäßige wöchentliche Ruhezeit oder eine reduzierte wöchentliche Ruhezeit ergibt.

Der Fahrer darf zwischen zwei wöchentlichen Ruhezeiten höchstens drei reduzierte tägliche Ruhezeiten einlegen.

> **Hinweis:**
>
> Als Bedingung für das Einlegen einer täglichen oder reduzierten wöchentlichen Ruhezeit muss das Fahrzeug stehen und über eine Schlafmöglichkeit verfügen. Regelmäßige wöchentliche Ruhezeiten dürfen nicht im Fahrzeug verbracht werden.

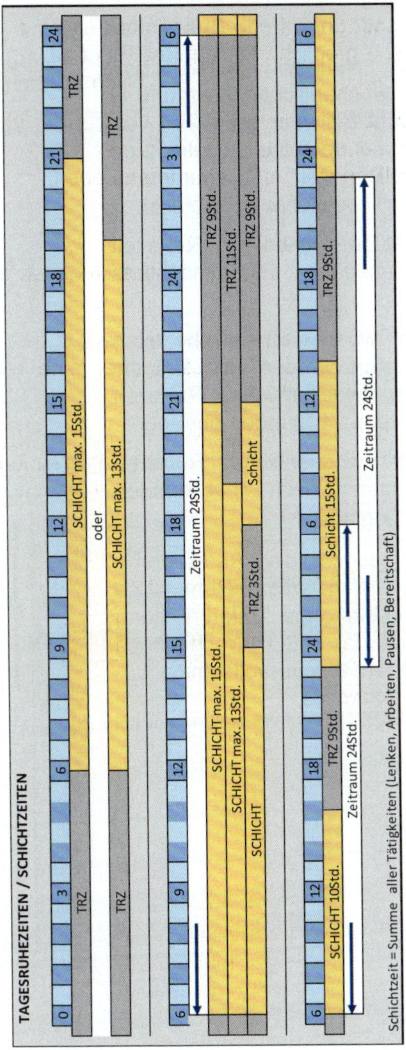
TAGESRUHEZEITEN / SCHICHTZEITEN
TRZ
SCHICHT max. 15Std.
oder
SCHICHT max. 13Std.
Zeitraum 24Std.
SCHICHT max. 15Std.
SCHICHT max. 13Std.
SCHICHT
TRZ 3Std.
Schicht
TRZ 9Std.
TRZ 11Std.
SCHICHT 10Std.
Schicht 15Std.
Schichtzeit = Summe aller Tätigkeiten (Lenken, Arbeiten, Pausen, Bereitschaft)

2.1.2

2.1.2.5 Wöchentliche Ruhezeiten

Wöchentliche Ruhezeit (WRZ) umschreibt den wöchentlichen Zeitraum, in dem ein Fahrer frei über seine Zeit verfügen kann und der eine „regelmäßige wöchentliche Ruhezeit" und eine „reduzierte wöchentliche Ruhezeit" umfasst.

Eine regelmäßige wöchentliche Ruhezeit stellt eine Ruhepause von mindestens 45 Stunden dar.

Regelmäßige wöchentliche Ruhezeiten können reduziert werden, die kleinste anrechenbare wöchentliche Ruhezeit muss mindestens 24 Stunden betragen!

Die nächste wöchentliche Ruhezeit muss spätestens nach 144 Stunden (6 × 24 Std.) beginnen!

Dabei wird jedoch die Reduzierung durch eine gleichwertige Ruhepause ausgeglichen, die ohne Unterbrechung vor dem Ende der dritten Woche nach der betreffenden Woche vollständig genommen werden muss.

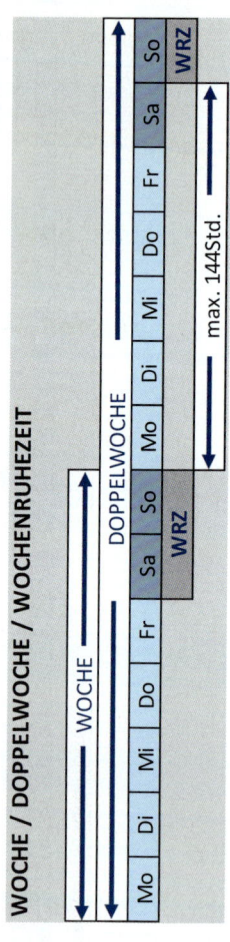

Lenk- und Ruhezeiten

Hinweis:

Verkehrsunternehmen müssen die Arbeit der Fahrer so planen, dass jeder Fahrer in der Lage ist, innerhalb jedes Zeitraums von vier aufeinanderfolgenden Wochen zum Unternehmensstandort oder zum Fahrerwohnsitz zurückzukehren.

Dort ist eine mindestens regelmäßige wöchentliche (45 Std.) oder eine wöchentliche Ruhezeit (RZ) von mehr als 45 Std., die als Ausgleich dient, zu verbringen. Unternehmen sind organisatorisch dazu verpflichtet (Nachweis notwendig). Der tatsächliche Ort zur Verbringung der RZ ist jedoch Sache des Fahrers.

Eine regelmäßige Wochenruhezeit oder eine wöchentliche Ruhezeit (RZ) von mehr als 45 Std., die als Ausgleich dient, darf in keinem Fall im Fahrzeug verbracht werden. Der Unternehmer hat für eine angemessene Unterkunft zu sorgen und muss hierfür die Kosten übernehmen.

2.1.2

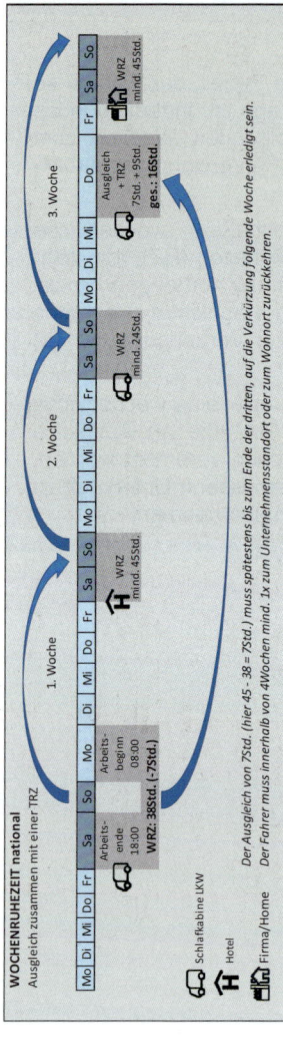

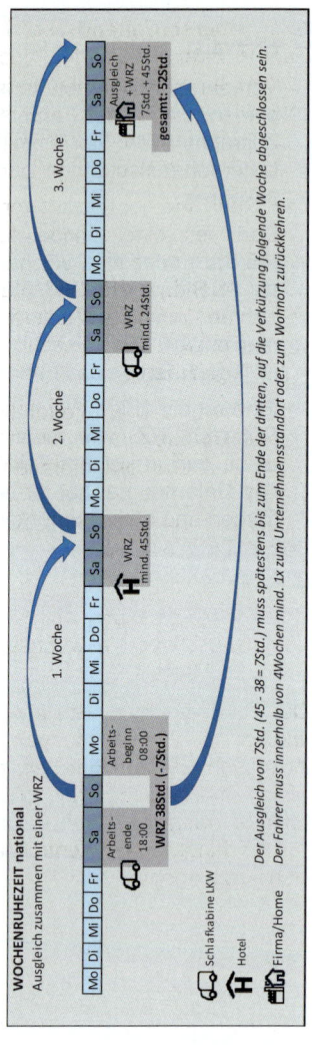

Lenk- und Ruhezeiten

Grenzüberschreitend kann ein Fahrer zwei reduzierte Wochenruhezeiten nacheinander einlegen (nur außerhalb des Landes seiner Niederlassung und des Landes seines Wohnortes).

Die Reduzierungen sind vor Beginn der nächsten regelmäßigen wöchentlichen Ruhezeit zusammenhängend, an EINEM Stück – zusammen mit einer regelmäßigen wöchentlichen Ruhezeit (45 Std.) – auszugleichen.

Bei zwei aufeinanderfolgenden verkürzten wöchentlichen Ruhezeiten hat das Unternehmen den Fahrer so einzuplanen, dass er noch vor Beginn der nächsten regelmäßigen wöchentlichen Ruhezeit zurückkehren kann.

Der Ausgleich muss abgeschlossen sein, bevor die wöchentliche Ruhezeit beginnt.

Der Unternehmer dokumentiert, wie er die Verpflichtungen zum Ausgleich und zur Rückkehr organisiert hat und bewahrt entsprechende Nachweise auf, um diese auf Verlangen den Kontrollbehörden vorzulegen.

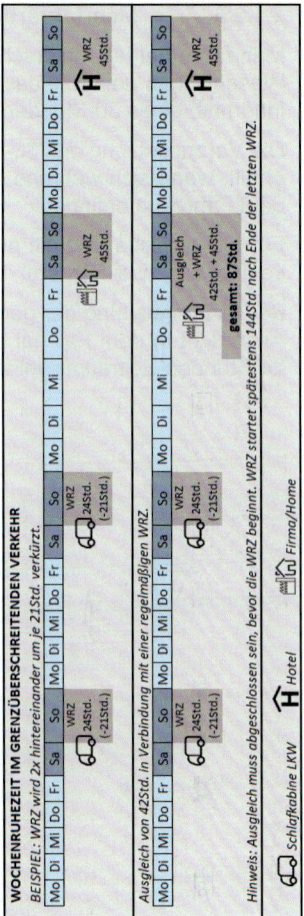

2.1.2.6 Mehrfahrerbetrieb

Mehrfahrerbetrieb unterscheidet sich zum Einfahrerbetrieb im Wesentlichen dadurch, dass tägliche Ruhezeiten von 9 Stunden innerhalb eines 30-Stunden-Zeitraums ausreichend sind.

Die Voraussetzung des 30-Stunden-Zeitraums gilt auch dann als erfüllt, wenn sich während der ersten Stunde nur ein Fahrer auf dem Fahrzeug befindet.

Für die restliche Zeit gilt allerdings die Verpflichtung zur Anwesenheit von zwei Fahrern!

Bei Nichteinhaltung der genannten Voraussetzungen verfällt der Anspruch! In dem Fall hat die tägliche Ruhezeit innerhalb eines 24-Stunden-Zeitraums vollständig zu erfolgen.

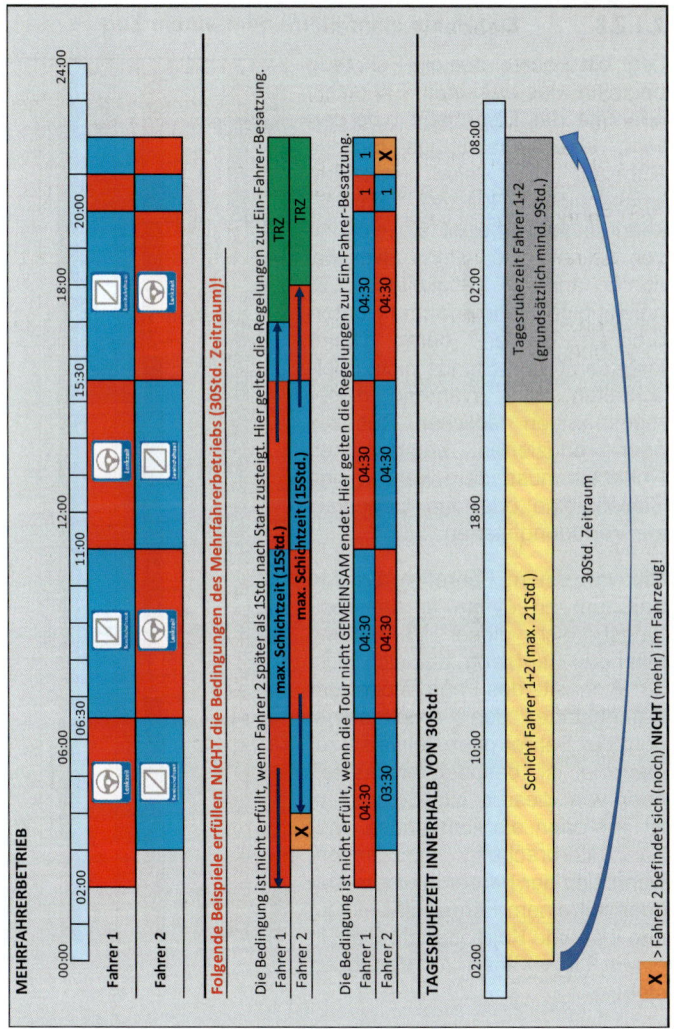

2.1.2

2.1.2.7 Zeiten auf einer Fähre oder einem Zug

Legt ein Fahrer, der ein Fahrzeug begleitet, das auf einem Fährschiff oder mit der Eisenbahn befördert wird, eine regelmäßige tägliche Ruhezeit oder eine reduzierte wöchentliche Ruhezeit ein, so kann diese Ruhezeit abweichend von Artikel 8 höchstens zwei Mal durch andere Tätigkeiten, z.B. notwendige Rangierfahrten, unterbrochen werden, deren Dauer insgesamt eine Stunde nicht überschreiten darf. Während dieser regelmäßigen täglichen Ruhezeit oder reduzierten wöchentlichen Ruhezeit muss dem Fahrer eine Schlafkabine oder ein Liegeplatz zur Verfügung stehen.

Die von einem Fahrer verbrachte Zeit, um zu einem in den Geltungsbereich dieser Verordnung fallenden Fahrzeug, das sich nicht am Wohnsitz des Fahrers oder der Betriebstätte des Arbeitgebers, dem der Fahrer normalerweise zugeordnet ist, befindet, anzureisen oder von diesem zurückzureisen, ist nur dann als Ruhepause oder Fahrtunterbrechung anzusehen, wenn sich der Fahrer in einem Zug oder auf einem Fährschiff befindet und ihm eine Koje oder ein Platz in einem Liegewagen zur Verfügung steht.

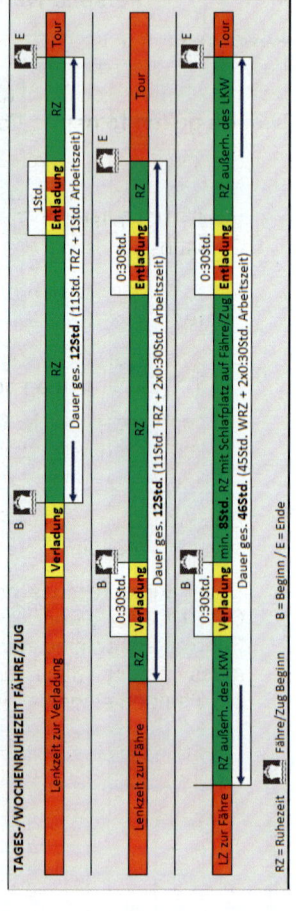

Lenk- und Ruhezeiten

2.1.2.8 Besonderheiten im grenzüberschreitenden Personenverkehr („12-Tage-Regelung")

Abweichend von Artikel 8 Abs. 6a der VO (EG) Nr. 561/2006 darf ein Fahrer die wöchentlichen Ruhezeiten auf bis zu 12 aufeinanderfolgende 24-Stunden-Zeiträume (288 Std.) verschieben. **Es gelten folgende Voraussetzungen**:

1. Der Dienst muss mindestens 24 aufeinanderfolgende Stunden andauern und in einem anderen Mitgliedstaat (oder unter die VO fallenden Drittland) erfolgen, als dem, in dem der Dienst begonnen wurde.

2. Nach Inanspruchnahme der Ausnahmeregelung muss der Fahrer

   a. entweder zwei regelmäßige wöchentliche Ruhezeiten (90 Std.) nehmen oder

   b. eine regelmäßige wöchentliche Ruhezeit (45 Std.) und eine reduzierte wöchentliche Ruhezeit (mind. 24 Std.) nehmen (trotzdem Ausgleich notwendig).

3. Das Fahrzeug muss mit einem (digitalen) Fahrtenschreiber ausgestattet sein.

4. Das Fahrzeug muss bei Fahrten zwischen 22.00 Uhr und 6.00 Uhr mit einem zweiten Fahrer besetzt sein oder die Fahrtunterbrechung nach Art. 7 der VO (EG) Nr. 561/2006 muss bereits nach drei Stunden und nicht erst nach 4,5 Stunden eingelegt werden.

2.1.2

Achtung!

Werden nicht alle Voraussetzungen zur Inanspruchnahme der 12-Tage-Regelung eingehalten, liegt ein Verstoß gegen die Einhaltung der Wochenruhezeit nach Ablauf von 6 × 24 Stunden vor!

> **Hinweis:**
>
> Übernimmt ein Fahrer ein Fahrzeug, welches sich nicht am Unternehmensstandort oder an seinem Wohnsitz befindet (also nicht am üblichen Übernahmeort), so ist die Dauer der Anreise (bspw. mit einem Pkw) als Arbeitszeit auf der Fahrerkarte manuell nachzutragen.
>
> Erfolgt die Anreise nicht selbständig, sondern der Fahrer wird zum Übernahmeort gebracht (ÖPNV, Shuttle etc.), so kann diese Zeit als Bereitschaftszeit nachgetragen werden.

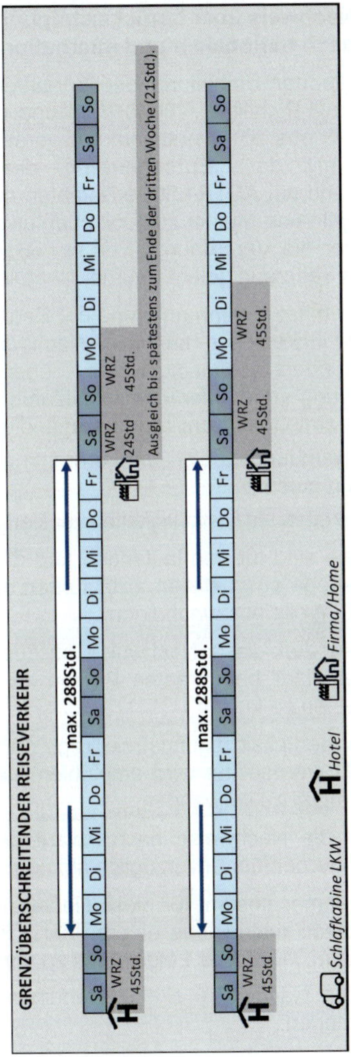

Lenk- und Ruhezeiten

GRENZÜBERSCHREITENDER REISEVERKEHR

max. 288Std.

Sa | So | Mo | Di | Mi | Do | Fr | Sa | So | Mo | Di | Mi | Do | Fr | Sa | So
WRZ 45Std. — Hotel
WRZ 24Std. — Hotel
WRZ 45Std.
Ausgleich bis spätestens zum Ende der dritten Woche (21Std.).

max. 288Std.

Sa | So | Mo | Di | Mi | Do | Fr | Sa | So | Mo | Di | Mi | Do | Fr | Sa | So
WRZ 45Std. — Hotel
WRZ 45Std. — Firma/Home

Schlafkabine LKW   Hotel   Firma/Home

2.1.2.9 Nachweis über berücksichtigungsfreie Tage nach nationalem und internationalem Muster

Da die Kontrolle der Einhaltung der Vorgaben über die sogenannte „Kontroll-Richtlinie" 2006/22/EG und die Änderungen des Art. 12 AETR aus 2011 verschärft und vereinheitlicht wurde, hat die EU mit der **„Entscheidung der Kommission 2007/230/EG"** und die AETR-Mitgliedsstaaten mit der Anlage 3 zum AETR Regeln und Muster zur Dokumentation der Zeiten, in denen kein unter die Verordnung (EG) Nr. 561/2006 oder das AETR fallendes Fahrzeug gelenkt wurde, festgelegt.

Das Fahrpersonal hat – wenn aufgrund der Bauart des Fahrtenschreibers keine lückenlosen manuellen Nachträge möglich sind oder diese besonders aufwendig wären – über folgende Tage eine Bescheinigung vom Unternehmer mitzuführen und zuständigen Kontrollbeamten zur Kontrolle auszuhändigen:

– ein vom Anwendungsgebiet der Verordnung ausgenommenes Fahrzeug gelenkt
– andere Tätigkeiten als Lenktätigkeiten zur Verfügung standen.

Diese Nachweise sind für den laufenden und die vorausgehenden 28 Kalendertage auszustellen, mitzuführen und zuständigen Personen zur Kontrolle auszuhändigen.

Der Unternehmer hat diese Nachweise auszustellen und von ihm selber oder einer beauftragten Person zu unterschreiben bzw. unterschreiben zu lassen.

Nachweise über berücksichtigungsfreie Tage dürfen nicht handschriftlich erstellt werden. Es wird empfohlen, das nachfolgend vorgestellte Formular zu verwenden.

Der Fahrer hat die Nachweise nach Ablauf der Mitführungspflicht an den Unternehmer unverzüglich abzugeben.

Für den Unternehmer besteht für diese Nachweise eine Aufbewahrungspflicht von mindestens einem Jahr. Danach sind sie bis spätestens zum 31.03. des Folgejahres zu vernichten.

Die aufbewahrten Nachweise sind zuständigen Personen auf Verlangen vorzulegen.

Lenk- und Ruhezeiten

Falls Fahrer eine Kopie dieser Nachweise fordern, sind diese vom Unternehmer dem jeweiligen Fahrer auszuhändigen.

Selbstfahrende Unternehmer haben ebenfalls eine Bescheinigung auszustellen.

Eine Bescheinigung darf von dem Fahrer bei einer Kontrolle auch als Telefax oder Ausdruck einer digitalisierten Kopie zur Verfügung gestellt werden (gilt nur für Deutschland).

Vom Unternehmen ausgestellte Bescheinigungen, die falsche Angaben enthalten, werden als Ordnungswidrigkeit geahndet.

Beachten Sie bitte auch die **Klarstellungshinweise (Clarification Nr. 7) der EU-Kommission**, die sich mit dieser Thematik beschäftigt.

ACHTUNG:

Die Bescheinigung ist nur noch dann verpflichtend vom Fahrpersonal mitzuführen, soweit die Zeiten nicht durch manuelle Nachträge auf der Fahrerkarte oder durch handschriftliche Aufzeichnungen sichergestellt werden konnten.

Somit sind Krankheitstage und Urlaubszeiten in jedem Fall als Ruhezeit manuell auf der Fahrerkarte nachzutragen.

ANHANG

BESCHEINIGUNG VON TÄTIGKEITEN[1]
(VERORDNUNG (EG) NR. 561/2006 ODER AETR[2])

Vor jeder Fahrt maschinenschriftlich auszufüllen und zu unterschreiben. Zusammen mit den Original-Kontrollgeräteaufzeichnungen aufzubewahren

FALSCHE BESCHEINIGUNGEN STELLEN EINEN VERSTOSS GEGEN GELTENDES RECHT DAR.

Vom Unternehmen auszufüllender Teil

(1) Name des Unternehmens: _____

(2) Straße, Hausnr., Postleitzahl, Ort, Land: _____, _____, _____

(3) Telefon-Nr. (mit internationaler Vorwahl): _____

(4) Fax-Nr. (mit internationaler Vorwahl): _____

(5) E-Mail-Adresse: _____

Ich, der/die Unterzeichnete

(6) Name und Vorname: _____

(7) Position im Unternehmen: _____

erkläre, dass sich der Fahrer/die Fahrerin

(8) Name und Vorname: _____

(9) Geburtsdatum (Tag, Monat, Jahr): _____, _____, _____

(10) Nummer des Führerscheins, des Personalausweises oder des Reisepasses: _____

(11) der/die im Unternehmen tätig ist seit (Tag, Monat, Jahr): _____, _____, _____

im Zeitraum

(12) von (Uhrzeit/Tag/Monat/Jahr): ____/____/____/____

(13) bis (Uhrzeit/Tag/Monat/Jahr): ____/____/____/____

(14) ☐ sich im Krankheitsurlaub befand ***

(15) ☐ sich im Erholungsurlaub befand ***

(16) ☐ sich im Urlaub oder in Ruhezeit befand ***

(17) ☐ ein vom Anwendungsbereich der Verordnung (EG) Nr. 561/2006 oder des AETR ausgenommenes Fahrzeug gelenkt hat ***

(18) ☐ andere Tätigkeiten als Lenktätigkeiten ausgeführt hat ***

(19) ☐ zur Verfügung stand ***

(20) Ort: _____ Datum: _____

Unterschrift: ....

---

(21) Ich, der Fahrer/die Fahrerin, bestätige, dass ich im vorstehend genannten Zeitraum kein unter den Anwendungsbereich der Verordnung (EG) Nr. 561/2006 oder das AETR fallendes Fahrzeug gelenkt habe.

(22) Ort: _____ Datum: _____

Unterschrift des Fahrers/der Fahrerin: ....

---

[1] Eine elektronische und druckfähige Fassung dieses Formblattes ist verfügbar unter der Internetadresse http://ec.europa.eu
[2] Europäisches Übereinkommen über die Arbeit des im internationales Straßenverkehr beschäftigten Fahrpersonals.
*** Nur ein Kästchen ankreuzen

2.1.2.10 „Notstandsklausel" gem. Artikel 12 (VO EG 561/2006)

Sofern die Sicherheit im Straßenverkehr nicht gefährdet wird, kann der Fahrer von den Artikeln 6 bis 9 abweichen, um einen geeigneten Halteplatz zu erreichen, soweit dies erforderlich ist, um die Sicherheit von Personen, des Fahrzeugs oder seiner Ladung zu gewährleisten. Der Fahrer hat Art und Grund dieser Abweichung spätestens bei Erreichen des geeigneten Halteplatzes handschriftlich auf dem Schaublatt des Kontrollgeräts oder einem Ausdruck aus dem Kontrollgerät oder im Arbeitszeitplan zu vermerken.

Was ist ein Notstand?

Dazu zählen außergewöhnliche Umstände, wie bspw. Gefährdung der Sicherheit von Personen, Fahrzeug oder Ladung, verkehrs-, fahrzeug-, wetterbedingte Gründe oder Verspätung bei Be-/Entladung.

> **Hinweis:**
>
> Gründe der Abweichung zu den Lenkzeiten sind in jedem Fall vom Fahrer zu dokumentieren! Im jeweiligen Einzelfall obliegt es dem zuständigen Kontrollbeamten bzw. der Überwachungsbehörde, die Inanspruchnahme der Regelung auf Plausibilität zu überprüfen.

Die Gründe für die Anwendung von Artikel 12 sind auf einem Ausdruck entsprechend zu dokumentieren. Das hat spätestens am Ende der Arbeitsschicht zu erfolgen.

2.1.2

Ausnahmeregelung für bis zu 11 Std. Lenkzeit

Bei außergewöhnlichen Umständen ist eine Verlängerung der Tageslenkzeit/Wochenlenkzeit von bis zu 1 Std. zulässig, um das Unternehmen oder den Wohnort zu erreichen, um eine wöchentliche Ruhezeit von mind. 24 Std. einzulegen. Die Inanspruchnahme darf jedoch nicht zu einer Überschreitung der Lenkzeit in der Doppelwoche von 90 Stunden führen.

> **Hinweis:**
>
> Jede Lenkzeitverlängerung ist durch eine gleichwertige Ruhepause auszugleichen, die zusammen mit einer beliebigen Ruhezeit ohne Unterbrechung bis zum Ende der dritten Woche nach der betreffenden Woche genommen werden muss!

Ausnahmeregelung für bis zu 12 Std. Lenkzeit

Bei außergewöhnlichen Umständen ist eine Verlängerung der Tageslenkzeit/Wochenlenkzeit von bis zu 2 Std. zulässig, um das Unternehmen oder den Wohnort zu erreichen, um eine wöchentliche Ruhezeit von mind. 45 Std. einzulegen. Die Inanspruchnahme darf jedoch nicht zu einer Überschreitung der Lenkzeit in der Doppelwoche von 90 Stunden führen.

> **Hinweis:**
>
> Eine begründete Inanspruchnahme zur Verlängerung der Tages-/Wochenlenkzeit führt nicht zu einer Beanstandung der folgenden Ruhezeit.
>
> Hierzu hat der Fahrer Art und Grund der Abweichung spätestens bei Erreichen des Bestimmungsortes oder des geeigneten Halteplatzes zu vermerken!

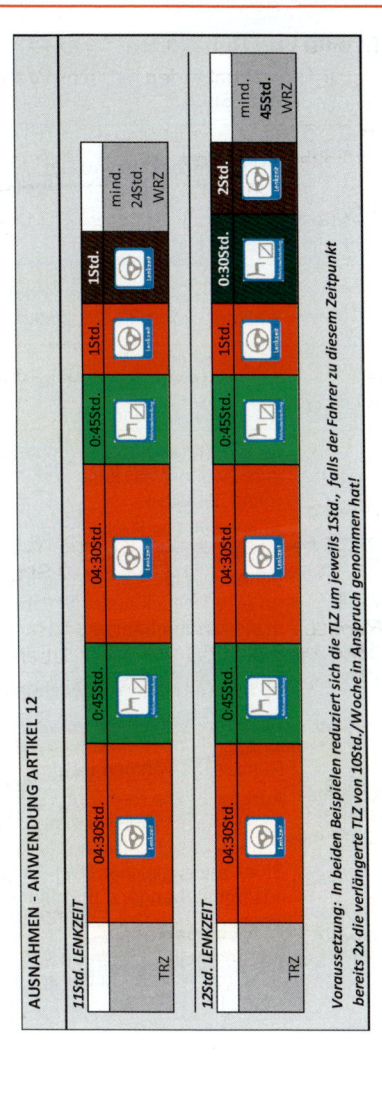

Lenk- und Ruhezeiten

AUSNAHMEN - ANWENDUNG ARTIKEL 12

11Std. LENKZEIT

| TRZ | 04:30std. | 0:45Std. | 04:30std. | 0:45Std. | 1Std. | 1Std. | mind. 24Std. WRZ |

12Std. LENKZEIT

| TRZ | 04:30std. | 0:45Std. | 04:30std. | 0:45Std. | 1Std. | 0:30Std. | 2Std. | mind. 45Std. WRZ |

Voraussetzung: In beiden Beispielen reduziert sich die TLZ um jeweils 1Std., falls der Fahrer zu diesem Zeitpunkt bereits 2x die verlängerte TLZ von 10Std./Woche in Anspruch genommen hat!

Übersicht der Lenk- und Ruhezeiten

Ununterbrochene Lenkdauer	4:30 Std.
Tageslenkzeit	9 Std. 2 × je Woche max. 10 Std.
Wochenlenkzeit	max. 56 Std.
Doppelwochenlenkzeit	max. 90 Std.
Fahrtunterbrechung	nach max. 4:30 Std. Lenkdauer mind. 45 Min. innerhalb von 4:30 Std. Lenkdauer 15 + 30 Min.
tägliche Ruhezeit (innerhalb von 24 Std.)	11 Std. oder 3 + 9 Std. (regelmäßige tägliche Ruhezeit) 3 × je Woche mind. 9 Std.
wöchentliche Ruhezeit	45 Std. (regelmäßige wöchentliche Ruhezeit) jede zweite WRZ kann verkürzt werden (mind. 24 Std.) Ausgleich: Die Reduzierung (Differenz zu 45 Std.) ist spätestens bis zum Ende der dritten, auf die Verkürzung folgende Woche, an einem Stück auszugleichen. Der Ausgleich muss zusammenhängend mit einer mind. 9 Std.-Ruhezeit erfolgen.
wöchentliche Ruhezeit (grenzüberschreitend)	45 Std. (regelmäßige wöchentliche Ruhezeit) Beginnt die wöchentliche Ruhezeit im Ausland, so können zwei aufeinanderfolgende Ruhezeiten verkürzt werden. Ausgleich: Die Reduzierungen (Differenz zu 45 Std.) sind vor Beginn der nächsten regelmäßigen wöchentlichen Ruhezeit, an einem Stück auszugleichen. Der Ausgleich muss zusammenhängend mit einer regelmäßigen wöchentlichen Ruhezeit (45 Std.) erfolgen.
Tägliche Ruhezeit Mehrfahrerbesatzung	9 Std. – regelmäßige tägliche Ruhezeit Der Bezugszeitraum beträgt hier 30 Std., statt 24 Std.

Fahrtenschreiber

2.1.3 Der Fahrtenschreiber

Weitergehende, detaillierte Informationen und jede Menge praktische Hinweise zum Fahrtenschreiber findet man im Buch „Digitaler Fahrtenschreiber" (erschienen beim Verkehrs-Verlag J. Fischer, Artikel-Nr. 31113).

2.1.3.1 Allgemeines

Der Betrieb und der Umgang mit einem Fahrtenschreiber ist in der VO (EU) Nr. 165/2014 in Art. 32 bis 37 geregelt. Weitere Regelungen für die nationale Nutzung sind in der Fahrpersonalverordnung (FPersV) in § 2 genannt. Digitale Fahrtenschreiber wurden im Mai 2006 eingeführt. Analoge Geräte mit Diagrammscheibe gibt es heutzutage nur noch selten.

2.1.3.2 Grundsätzliches

In Fahrzeugen mit einer zGM ab 3,5 t müssen Fahrtenschreiber verbaut und vom Fahrer bedient werden. Fahrer müssen Lenk-, Ruhe- und Arbeitszeiten aufzeichnen – sie sind aufzeichnungspflichtig. Die Aktivitäten und weitere Daten werden im Massenspeicher des Fahrtenschreibers und auf der Fahrerkarte gespeichert.

2.1.3.3 Aufgaben

Zu den Aufgaben des Fahrtenschreibers gehören das Aufzeichnen, Speichern, Anzeigen, Ausdrucken und Ausgeben von tätigkeitsbezogenen Daten des Fahrers. Außerdem die Speicherung aller Störungen und Ereignisse auf einer Fahrerkarte und im Massenspeicher, sowie die sekundengenaue Geschwindigkeitsaufzeichnung des Fahrzeugs über einen Zeitraum von mind. 24 Lenkzeitstunden.

2.1.3

2.1.3.4 Aufbau des digitalen Fahrtenschreibers

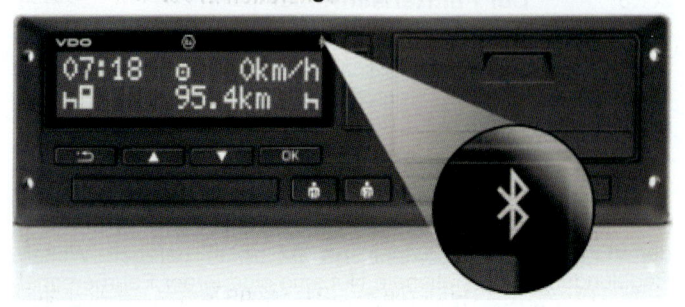

Fahrtenschreiber VDO DTCO 4.1 (aktuellstes Gerät G2V2)

Es gibt mehrere Hersteller von digitalen Fahrtenschreibern. In Deutschland werden vorrangig Geräte von VDO und Stoneridge verbaut. Aktuell unterscheiden sie sich kaum noch, weder im Design, noch in Funktionalität, Technik und Performance. Lediglich bei der Darstellung im Display gibt es Unterschiede.

Jeder digitale Fahrtenschreiber hat folgende Komponenten:
- Display zur Anzeige von Informationen
- 2 Kartenschächte – für Fahrer und Beifahrer
- Navigations-, Menü-, Funktions- bzw. Kombitasten
- Downloadschnittstelle zum Anschluss einer Hardware zum Herunterladen von Daten
- Schublade für Druckerpapier
- Thermodrucker
- Speicherbatterie
- verschiedene Platinen und Anschlüsse

Fahrtenschreiber

2.1.3.5 Fahrtenschreiber Generation 2/Version 2 (G2V2)

Die neue Fahrtenschreibergeneration G2V2 wird in alle Fahrzeuge ab 3,5 t zGM verbaut, die erstmals ab dem 21.08.2023 neu zugelassen wurden.

Was ist neu?

- Ein Grenzübertritt wird automatisch erkannt und die Position des Fahrzeugs sowie die Zeit werden aufgezeichnet.
- Es sind weitere manuelle Eingaben möglich (Aktivität Be- oder Entladung, beides).
- Technische Änderungen (ITS-Schnittstelle ist verpflichtend), Bluetooth, Updatefähigkeit.
- Erweiterung der Piktogramme.
- Erweiterung der Fernkommunikation bei Straßenkontrollen.

2.1.3.6 Informationen zum Display und Bedienung

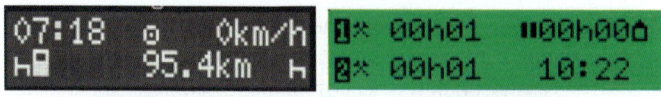

Display VDO   *Display Stoneridge*

Startdisplay bei ZÜNDUNG AN und steckender Fahrerkarte

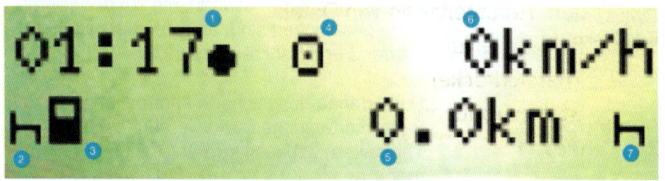

❶ Aktuelle Zeit (hier: der Punkt hinter der Uhrzeit bedeutet Ortszeit); ❷ Aktivität Slot 1 (hier Ruhezeit); ❸ In Slot 1 steckt eine Karte; ❹ Art der höherwertigsten, gesteckten Karte (hier Fahrerkarte); ❺ Gesamtkilometer des Fahrzeugs; ❻ Aktuelle Geschwindigkeit des Fahrzeugs; ❼ Aktivität Slot 2 (hier Ruhezeit)

2.1.3

Fahrer können beim stehenden Fahrzeug folgende Tätigkeiten einstellen:

- Arbeitszeit

- Ruhezeit

- Bereitschaftszeit

Bei fahrenden Fahrzeugen (Geschwindigkeit > 0 km/h) wird automatisch Lenkzeit aufgezeichnet.

Displayanzeigen – allgemeine Menüführung

Die Menüführung ist in drei Untermenüs aufgeteilt: Anzeige / Ausdruck / Eingabe. In das Menü gelangt man über die Navigationstaste bzw. mit „OK".

Hier werden Informationen, die auf der Fahrerkarte gespeichert sind, angezeigt. Ist auch für Fahrer 2 und Fahrzeug möglich.

Hier können gespeicherte Informationen der Fahrerkarte ausgedruckt werden (bspw. 24 h Tageswert). Ist auch für Fahrer 2 und Fahrzeug möglich.

Hier können Informationen, die auf der Fahrerkarte gespeichert werden sollen (bspw. Land) eingegeben werden. Ist auch für Fahrer 2 und Fahrzeug (bspw. OUT) möglich.

Fahrtenschreiber

Informationsanzeige aufrufen

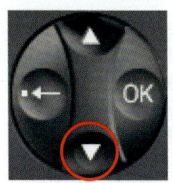

oder

> **Praxistipp:**
> Nach Drücken der „nach-unten-Taste" werden aktuelle Informationen zu Lenkzeiten und Ruhezeiten angezeigt.

01h41	Lenkzeit seit der letzten gültigen Fahrtunterbrechung
03h42	Gesamtlenkzeit in der Doppelwoche
00h19	Gültige, zuletzt eingelegte Fahrtunterbrechung / Pause
00h18	Aktuell laufende Arbeitszeit

2.1.3.7 Technik

Fahrzeugdaten erhält der Fahrtenschreiber über einen manipulationssicher verbauten Geber, der im Getriebe verschraubt und plombiert ist. Hier werden u. a. Geschwindigkeiten und Fahr- bzw. Standdaten übertragen. Die Kopplung von Fahrtenschreiber und Geber sowie die kontinuierliche Kalibrierung („Tachoprüfung" alle zwei Jahre) gem. § 57b StVZO wird durch autorisierte Vertragswerkstätten durchgeführt. Alle Informationen findet man auf einem Einbauschild, das sich an der Fahrertür (B-Säule) befindet. Es enthält Informationen zu Einbau und Prüfung des Fahrtenschreibers. Hierzu gehören Datum der letzten Geräteüberprüfung, FIN, Gerätenummer, Reifengröße, Wegimpulszahl, Konstante, Prüfunternehmen. Das Einbauschild darf nicht beschädigt oder anderweitig beschriftet werden. Alle Daten kann man auch über einen technischen Ausdruck einsehen.

2.1.3

2.1.3.8 Eingaben und Einstellungen

Durch einen **manuellen Nachtrag** kann ein Fahrer die Zeiten auf seiner Fahrerkarte nachtragen und speichern, in denen die Karte nicht im Fahrtenschreiber steckte. Das Gerät schlägt immer automatisch den Zeitraum von der letzten Kartenentnahme bis zum jetzigen Steckzeitpunkt vor. Diese Zeitspanne sollte vom Fahrer dann lückenlos mit den während dieser Zeit tatsächlich durchgeführten Aktivitäten vervollständigt werden. Wird dieser manuelle Nachtrag nicht durchgeführt, so liegen unbekannte Zeiten vor und der Fahrer kann im Rahmen einer Überprüfung ggfls. keinen lückenlosen Nachweis der letzten 28 Tage erbringen. Nur wenn aus technischen Gründen kein Nachtrag möglich ist oder ein Nachtrag besonders aufwendig ist, kann der Unternehmer dem Fahrer eine „Bescheinigung von Tätigkeiten" ausstellen. Eine detaillierte Beschreibung des manuellen Nachtrags findet man im Abschnitt 2.1.3.10.

Achtung:

Erfolgt ca. 30 Sekunden nach Aufforderung keine Bedienung, wird die Abfrage beendet. Ab VDO Version 4.0a (G2V1) endet die Abfrage nach 10 Minuten.

> **!** **Praxistipp:**
> Ein „ZURÜCK" ist dann nicht mehr möglich. Ein Nachtrag kann nicht durchgeführt werden.

Out of scope

Ist eine Fahrt nicht aufzeichnungspflichtig und der Fahrer verwendet keine Fahrerkarte, so ist der Fahrtenschreiber über das Menü (Eingabe Fahrzeug) in den OUT-Modus (**Out of scope** = außerhalb des Anwendungsbereichs) umzustellen. Eine Warnung „Fahrern ohne Fahrerkarte" wird dann im Display nicht angezeigt. Der Out-Modus wird deaktiviert, sobald eine Fahrerkarte gesteckt wird.

Fahrtenschreiber

Fähre/Zug

Bei Ankunft an einem Verladeterminal sollte der Fahrer über das Menü die Eingabe **Fähre/Zug** am Fahrtenschreiber vornehmen. Das Symbol erscheint im Display und die Eingabe wird auf der Fahrerkarte gespeichert. Hierdurch wird der maßgebliche Beginnzeitpunkt (Referenzpunkt) für die Berechnung der täglichen Ruhezeit festgelegt. Die Ruhezeit darf jetzt max. zweimal für zusammen nicht mehr als 60 Minuten (zum Auf-/Abfahren) unterbrochen werden. Das Symbol erlischt, sobald Lenkzeit registriert wird, also das Fahrzeug fährt. Eine erneute Eingabe ist nicht notwendig, da der Referenzzeitpunkt bereits mit der ersten Eingabe gesetzt wurde.

2.1.3.9 Fahrtenschreiberkarten

Für die korrekte Benutzung eines Fahrtenschreibers sind zwei Arten von Fahrtenschreiberkarten vorgesehen. Neben der **Fahrerkarte** benötigt jedes Unternehmen eine **Unternehmenskarte**.

Zugelassene Prüfstützpunkte und Werkstätten benötigen für die Kalibrierung der Geräte („Tachoprüfung") eine **Werkstattkarte**. Kontrollbehörden benutzen **Kontrollkarten** zum Herunterladen von Daten zur Wahrnehmung ihrer Überwachungsaufgaben.

Alle Karten sind Chipkarten und dienen zur Feststellung der Identität des Karteninhabers, des Unternehmens oder der Behörde und berechtigen den Inhaber zur Übertragung, Speicherung und Bearbeitung von Daten.

2.1.3

2.1.3.10 Fahrerkarte

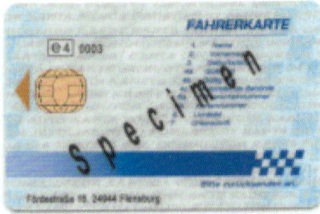

Eigenschaften:

Eine Fahrerkarte ist jeweils 5 Jahre gültig und Eigentum des Fahrers. Jeder Fahrer darf nur eine gültige Fahrerkarte besitzen. Auf dem Chip befindet sich ein Ringspeicher (Endlosspeicher – die ältesten Daten werden kontinuierlich überschrieben), der die Fahrertätigkeiten und weitere Daten für **mindestens** 28 Tage aufzeichnet. Der tatsächlich gespeicherte Zeitraum ist abhängig von der Anzahl der Informationen, die der Fahrtenschreiber auf die Fahrerkarte schreibt. Auf vielen Karten wird deutlich mehr als 28 Tage gespeichert. Eine Kompatibilität aller Fahrerkartengenerationen mit allen Fahrtenschreibergenerationen ist gegeben. Ab der Fahrerkartengeneration G2V2 (Chipnummer 0030) werden mindestens 56 Tage gespeichert.

> **Hinweis:**
> Die Mitführpflicht wird ab 01.12.2024 auf 56 Tage erweitert.

Welche Daten werden auf einer Fahrerkarte gespeichert?

Kartenkennung, Karteninhaberkennung, Führerscheininformationen, Daten zu gefahrenen Fahrzeugen, Fahrertätigkeitsdaten, Ort bei Beginn und/oder Ende des Arbeitstages, Ereignisdaten, Störungsdaten, Kontrollaktivitätsdaten, Kartenvorgangsdaten, Daten zu spezifischen Bedingungen.

Fahrerkarten sind spätestens alle 28 Kalendertage auszulesen (zu downloaden).

Fahrtenschreiber

Manueller Nachtrag auf der Fahrerkarte

Der Fahrer **steckt die Fahrerkarte** immer in den linken Kartenschacht. Der rechte Schacht ist für den Beifahrer oder auch für die Unternehmenskarte reserviert. Wechseln sich Fahrer beim Fahren ab, so sind auch die Karten zu tauschen. Nachdem die Karte nach dem Stecken im Fahrtenschreiber erkannt wurde, muss der Fahrer folgende notwendige Eingaben durchführen: manueller Nachtrag, Ländersymbol. Fordert der Fahrtenschreiber diese Angaben nicht automatisch ein, so sind sie über das Menü auszuwählen.

Beispiel 1: Nachtrag einer Tagesruhezeit

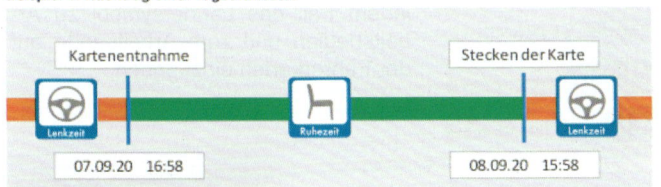

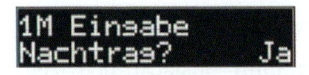

Kartenentnahme		Stecken der Karte
07.09.20 16:58	Ruhezeit	08.09.20 15:58

```
1M Eingabe
Nachtrag?        Ja
```
Mit „**OK**" bestätigen, wenn eine Tätigkeit nachgetragen werden soll.

```
M 07.09.20 16:58
h 08.09.20 15:58
```
Der nachzutragende Zeitraum zwischen letzter Kartenentnahme und Stecken wird automatisch als Ruhezeit vorgeschlagen. Mehrmals mit „**OK**" bestätigen (Eingaben erfolgen in Ortszeit).

```
*▶ Beginn Land
D
```
Das Ländersymbol wird abgefragt und ist mit „**OK**" zu bestätigen.

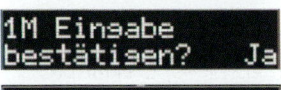

```
1M Eingabe
bestätigen?      Ja
```
Wenn alle Eingaben korrekt sind, ist erneut mit „**OK**" zu bestätigen.

```
15:59*↑⊙    0km/h
h       42.0km   h
```
Der Eintrag wird auf der Fahrerkarte gespeichert.

2.1.3

Während der Schicht hat der Fahrer die für die durchgeführten Tätigkeiten relevanten Piktogramme über die Funktionstasten auszuwählen. Das Symbol für Arbeitszeit, Ruhezeit oder Bereitschaftszeit wird dann im Display angezeigt.

Eingabe Ländersymbol bei gesteckter Fahrerkarte

```
Eingabe
↳ Fahrer 1

↳ Fahrer 1
•▮▸ Beginn Land

•▮▸ Beginn Land
03.04  11:48 :D

Eingabe
gespeichert

13:49•  o     0km/h
 ▭           0.0km
```

Verbleibt die Fahrerkarte im Fahrtenschreiber, muss der Fahrer weitere Eingaben auf der Fahrerkarte vornehmen! Über die Menüfunktion „Eingabe Fahrer > Beginn / Ende Land" ist in jedem Fall das Ländersymbol zu Arbeitsbeginn und zum Arbeitsende auf der Fahrerkarten einzugeben

**Eingabe Ländersymbol,
wenn Karte gesteckt / entnommen wird**

Wird die Fahrerkarte zu **Arbeitsbeginn** gesteckt und zum **Arbeitsende** entnommen, so wird die Eingabe des Ländersymbols automatisch abgefragt. Dies muss vom Fahrer bestätigt werden. Erfolgt keine Bestätigung, so wird kein Ländersymbol gespeichert.

Fahrtenschreiber

Entnahme der Fahrerkarte

`15:50 ● ↑○    1km/h`
`○▪    105.0km    ▫`

Fahrzeug fährt, die Fahrerkarte steckt!

Wenn das Fahrzeug steht – Taste für 3 Sekunden gedrückt halten.

`1 Mustermann`
`___▪▪▪▪▪▪▪▪     ▫`

Die Fahrerkarte wird automatisch am Fahrtenschreiber abgemeldet.

`▮▸● Ende Land`
`: D`

Die Aufforderung zur Eingabe des Ländersymbols erfolgt automatisch. Auswählen und mit „OK" bestätigen.

`1 Mustermann`
`___▪▪▪▪         ▫`

Nach „OK" werden die im Fahrtenschreiber gespeicherten Daten auf dem Chip der Fahrerkarte gespeichert. Die Fahrerkarte wird anschließend freigegeben.

`15:51● ○    0km/h`
`h     105.7km    ▫`

Die Fahrerkarte ist abgemeldet, kann entnommen werden und der Fahrer kann das Fahrzeug verlassen.

2.1.3.11 Unternehmenskarte

Eigenschaften und Aufgabe:

Eine Unternehmenskarte ist 5 Jahre gültig und identifiziert das Unternehmen am Fahrtenschreiber und ermöglicht die erstmalige Eingabe des Kennzeichens, sowie die Anzeige, das Herunterladen und den Ausdruck von Daten aus dem Massenspeicher. Wurde der Fahrtenschreiber mit der Unternehmenskarte

2.1.3

gesperrt (Anmeldeprozess), wird der Datenzugriff durch fremde Unternehmenskarten verhindert. Daten werden auf der Karte nicht gespeichert, die Karte ist aber spätestens alle 90 Tage für den Download des Fahrtenschreibers zu verwenden.

Hinweis:

Die Neubeantragung bei Ablauf einer Unternehmenskarte sollte vor Ablauf der alten Karte erfolgen. Nur dann ist sichergestellt, dass mit der neuen Karte auch auf alle Daten im Fahrtenschreiber zugegriffen werden kann.

An-/Abmeldeprozess mit einer Unternehmenskarte:

Eine Anmeldung des Unternehmens mit der Unternehmenskarte am Fahrtenschreiber ist zwingend notwendig, bevor das Fahrzeug erstmalig für das Unternehmen zum Einsatz kommt. Wenn das Fahrzeug veräußert oder auch nur vermietet wird, sollte eine Abmeldung durchgeführt werden. Für den Vorgang der An-/Abmeldung nutzt man die Unternehmenskarte, die dazu in den Fahrtenschreiber gesteckt wird. Der eigentliche An-/Abmeldeprozess unterscheidet sich – je nach Hersteller des Fahrtenschreibers.

2.1.3.12 Bescheinigungen von Tätigkeiten

Bescheinigungen sind grundsätzlich nur dann zu fertigen, wenn ein manueller Nachtrag im digitalen Fahrtenschreiber nicht möglich oder sehr aufwendig ist. In den Bescheinigungen dürfen mit Ausnahme der zu leistenden Unterschriften vom Unternehmer oder einer von ihm beauftragten Person sowie vom Fahrer keine weiteren handschriftlichen Inhalte niedergeschrieben werden. Somit sind nur maschinenschriftlich erstellte und unterschriebene Bescheinigungen zulässig. *(siehe auch Abschnitt 2.1.2.9)*

Fahrtenschreiber

UMSETZUNG EU-MOBILITÄTSPAKET

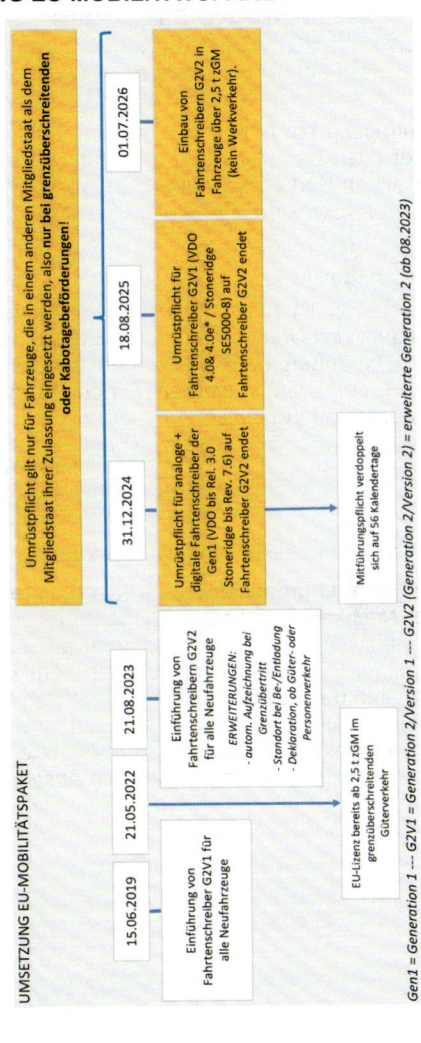

Umrüstpflicht gilt nur für Fahrzeuge, die in einem anderen Mitgliedstaat als dem Mitgliedstaat ihrer Zulassung eingesetzt werden, also **nur bei grenzüberschreitenden oder Kabotagebeförderungen!**

31.12.2024
Umrüstpflicht für analoge + digitale Fahrtenschreiber der Gen1 (VDO bis Rel. 3.0 Stoneridge bis Rev. 7.6) auf Fahrtenschreiber G2V2 endet

18.08.2025
Umrüstpflicht für Fahrtenschreiber G2V1 (VDO 4.0& 4.0e* / Stoneridge SE5000-8) auf Fahrtenschreiber G2V2 endet

01.07.2026
Einbau von Fahrtenschreibern G2V2 in Fahrzeuge über 2,5 t zGM (kein Werkverkehr).

15.06.2019
Einführung von Fahrtenschreiber G2V1 für alle Neufahrzeuge

21.05.2022
EU-Lizenz bereits ab 2,5 t zGM im grenzüberschreitenden Güterverkehr

21.08.2023
Einführung von Fahrtenschreibern G2V2 für alle Neufahrzeuge
ERWEITERUNGEN:
- autom. Aufzeichnung bei Grenzübertritt
- Standort bei Be-/Entladung
- Deklaration, ob Güter- oder Personenverkehr

Mitführungspflicht verdoppelt sich auf 56 Kalendertage

Gen1 = Generation 1 --- G2V1 = Generation 2/Version 1 --- G2V2 (Generation 2/Version 2) = erweiterte Generation 2 (ab 08.2023)

53

2.1.3

2.1.4 Pflichten, Kontrollen, Hinweise

2.1.4.1 Behördliche Belege, Straßenkontrollformular, entrichtete Bußgelder

Behörden können Verstöße gegen die Lenk- und Ruhezeiten oder das ordnungsgemäße Bedienen eines Fahrtenschreibers auch grenzüberschreitend ahnden. Zuständige Überwachungsbehörden dürfen auf dem Hoheitsgebiet ihres Staates Verstöße, die in anderen Mitgliedstaaten begangen wurden, nicht nur feststellen, sondern auch ahnden. Dem Fahrer sollte ein entsprechender Nachweis (Kontrollformular) ausgestellt werden, in dem die Sanktion und das ggf. entrichtete Bußgeld gemäß Artikel 19 Absatz 3 VO (EG) Nr. 561/2006 aufgeführt sind.

Hinweis:
Steckt bei einer Überprüfung die Fahrerkarte und wird zudem eine Kontrollkarte in Schacht 2 gesteckt, so wird das Datum, die Dauer der Kontrollmaßnahme und die durchgeführte Aktion auf der Fahrerkarte gespeichert!

2.1.4

Abb.: Muster EG Straßenkontrollformular Vorderseite

Pflichten, Kontrollen, Hinweise

Verstoß-Kennzahlen
Seite 2

(Verordnung (EG) Nr. 561/2006 = 561, Verordnung (EG) Nr. 165/2014 = 165
AETR: Annex = ANX, AETR Anhang 1 = APP1, AETR Anhang 1B = APP1B)

EU	AETR	Landes-Code	Lenk- und Ruhezeiten
(561/2006)			
561-5	AETR-5		Alter des Fahrers und Beifahrers
561-6-1-1	AETR-6-1-1		Tägliche Lenkzeit überschreitet 9 Stunden
561-6-1-2	AETR-6-1-2		Tägliche Lenkzeit überschreitet 10 Stunden
561-6-2	AETR-6-2		Wöchentliche Lenkzeit überschreitet 56 Stunden
561-6-3	AETR-6-3		Lenkzeit in zwei Wochen überschreitet 90 Stunden
561-7	AETR-7		Fahrtunterbrechung(en)
561-8-2	AETR-8-2		Tägliche Ruhezeit - Einzelfahrer
561-8-4	AETR-8-3		mehr als 3 reduzierte tägliche Ruhezeiten
561-8-5	AETR-8-3		Tägliche Ruhezeit - Mehrfahrerbesatzung
561-8-6-1	AETR-8-6a-1		vorgeschriebene wöchentliche Ruhezeit nicht eingehalten
561-8-6-2	AETR-8-6a-2		seit der letzten wöchentlichen Ruhezeit sind mehr als sechs 24-Stunden-Zeiträume vergangen
561-8-6a	AETR-8-6b		seit der letzten wöchentlichen Ruhezeit sind mehr als zwölf 24-Stunden-Zeiträume vergangen
561-8-6a-1			unzureichende wöchentliche Ruhezeit
☐	☐		Sonstige - Bitte näher erläutern

EU	AETR	Landes-Code	Digitaler Fahrtenschreiber
(165)	(Anhang)		
165-3-1-d-1	AETR-10-d		Fehlen/Nichtbenutzung eines bauartgenehmigten Fahrtenschreibers
165-3-1-e	ANX-10		Fahrtenschreiber nicht korrekt kalibriert
165-22-1-d	ANX-9-1-d		Fahrtenschreiber falsch repariert
165-22-4-d	ANX-9-4-d		Installationsplakette fehlt
165-22-6-d	ANX-9-2-d		fehlende Plomben
165-23-1-d	APP1B-2		2-jährige Prüfung nicht durchgeführt
165-32-3-d	ANX-12-8-d		unzulässige Kabel/Schaltvorrichtungen im Fahrzeug vorhanden
165-33-1-3	ANX-11-1-d		Ausdruck kann nicht auf Wunsch gefertigt werden (Papier fehlt)
165-37-1-d	ANX-13-1-d		Fahrtenschreiber länger defekt als erlaubt
☐	☐		Sonstige - Bitte erläutern

EU	AETR	Landes-Code	Analoger Fahrtenschreiber
(165)	(Anhang)		
165-3-1-a	AETR-10-a		Fehlen eines bauartgenehmigten Fahrtenschreibers
165-3-1-a-2	APP1-VI-2		Fahrtenschreiber falsch eingebaut
165-3-1-a-1	APP1-III-F		Fahrtenschreiber falsch kalibriert
165-22-1-a	ANX-9-1-a		Fahrtenschreiber falsch repariert
165-22-4-a	ANX-9-4-a		Installationsplakette fehlt
165-22-6-a	ANX-9-2		fehlende Plomben
165-23-1-a	APP1-VI-3a		2-jährige Prüfung nicht durchgeführt
165-32-3-a	ANX-12-8-a		unzulässige Kabel/Schaltvorrichtungen im Fahrzeug vorhanden
165-33-1-a	ANX-11-1-a		Verwenden eines falschen Schaublatts
165-34-5-1	ANX-12-3		falsche Zeileneinteilung im Fahrtenschreiber
165-37-1-a	ANX-13-1-a		Fahrtenschreiber länger defekt als erlaubt
☐	☐		Sonstige - Bitte erläutern

EU	AETR	Landes-Code	Aufzeichnungen
(165)	(Annex)		
561-6-5-a	AETR-6-5-a		fehlende manuelle Erfassung
561-6-5-d	AETR-6-5-d		fehlende manuelle Eintragung
165-9-2	AETR-8b-2		Reisezeiten als Ruhezeiten oder Fahrtunterbrechung erfasst
561-9-3	AETR-8b-3		fehlende Erfassung von Fahrten außerhalb des Geltungsbereichs der Verordnung als „andere Arbeiten"
561-12-a	AETR-9-1-a		fehlende Begründung handschriftlicher Eintragungen auf dem Nachweisblatt (Notfall)
561-12-d	AETR-9-1-d		fehlende Begründung handschriftlicher Eintragungen auf dem Ausdruck (Notfall)
561-20	---------		Keine Verstoßmitteilungen vorgelegt
561-27	AETR-13-1		falsche Art des Kontrollgeräts (analog/digital)
165-32-3	ANX-12-8-1		Unterdrückung oder Vernichtung von gespeicherten/aufgezeichneten Daten
165-33-2	ANX-11-2		Schaublätter/Ausdrucke nicht ordnungsgemäß aufbewahrt
165-34-1-1	ANX-12-2-1		Schaublätter nicht genutzt
165-34-1-3	ANX-12-2-4		unzulässiges Herausnehmen von Fahrerkarte/Schaublatt
165-34-1-4	ANX-12-2-3		Schaublatt länger als 24 Stunden genutzt
165-34-2-1	ANX-12-1-1		verschmutzte oder beschädigte Schaublätter genutzt
165-34-3	ANX-12-2b		manuelle Aufzeichnung, wenn der Fahrer sich nicht im Fahrzeug aufhält
165-34-4-a	ANX-12-2C		Verwendung eines falschen Schaublatts (Mehrfahrerbetrieb)
165-34-5-2	ANX-12-3-1		Falsche Betätigung der Schaltvorrichtung
165-34-6	ANX-12-5		falsche Eintragungen in den zentralen Feldern des Schaublattes
165-35-2	ANX-12-5		erforderliche Ausdrucke nicht angefertigt und nicht unterschrieben
165-36-1	ANX-12-7-1		keine Vorlage der korrekten Anzahl von Schaublättern oder Ausdrucken
☐	☐		Sonstige - Bitte erläutern

EU	AETR	Landes-Code	Fahrerkarten
(165)	(Anhang)		
165-34-1-2	ANX-12-2-2		Fahrt ohne korrekt eingelegte Fahrerkarte
165-34-4-d	ANX-12-5-1		Zweiter Fahrer - Fahrerkarte nicht korrekt eingelegt
165-32-1	ANX-10		Fahrer hat die korrekte Nutzung und Funktion nicht überprüft
165-34-7	ANX-12-5b		kein Landessynmbol bei Beginn und Ende der Arbeit
165-34-2-2	ANX-12-1-2		Verwendung einer verschmutzten oder beschädigten Karte
165-27-2	ANX-11-4-1		Fahrer besitzt mehr als eine Fahrerkarte
165-27-2	ANX-11-4-2		Fahrer ist für diese Fahrerkarte nicht zugelassen
165-36-2	ANX-12-7-2		Fahrerkarte nicht vorgelegt
165-29-1	ANX-13-3-1		Ersatzkarte nicht innerhalb von 7 Tagen beantragt
165-29-2-1	ANX-13-3-1		Verlust oder Diebstahl der Fahrerkarte nicht gemeldet
165-29-2	ANX-13-3-2		beschädigte/defekte Karte nicht zurückgegeben
165-32-3-d-2	ANX-12-8-2		Nutzung einer gefälschten Fahrerkarte
☐	☐		Sonstige - Bitte erläutern

Landes-Code	Nationale Vorschriften - Ausnahmen und abweichende Regelungen	Landes-Code	Nationale Vorschriften - Ausnahmen und abweichende Regelungen

Bemerkungen (Fortsetzung von Seite 1):

Wichtiger Hinweis für den Fahrer

Dieses Formular wurde Ihnen gemäß Artikel 20 Absatz 1 der EU-Verordnung 561/06 ausgehändigt.

Dieses Formular dient Ihnen als Hilfe für eventuelle zukünftige Kontrollen.

Gemäß Artikel 20 Absatz 2 der EU-Verordnung 561/06 ist diese Bescheinigung auf Verlangen einem Kontrollbeamten vorzulegen.

Sie müssen auch dem verantwortlichen Verkehrsführer eine Kopie dieses Formulars übergeben.

Abb.: Muster EG Straßenkontrollformular Rückseite

2.1.4

2.1.4.2 Ausdrucke

Ausdrucke können vom Fahrer oder auch von Kontrollorganen gefertigt werden. Zu diesem Zweck muss jederzeit ausreichend Papier (empfehlenswert zwei Rollen) für geforderte Ausdrucke vorhanden sein. Ausdrucke sollten unbedingt geschützt aufbewahrt werden, da bspw. aufgrund von Sonneneinstrahlung das Thermopapier unlesbar wird. Ausdrucke sind, wenn sie Informationen zu besonderen Vorkommnissen enthalten entsprechend der Mitführungspflicht vom Fahrer während der Fahrt mitzuführen und später im Unternehmen zu archivieren.

2.1.4.3 Pflichten des Fahrers

- Mitführen des Fahrzeugscheins, ggf. der ADR-Bescheinigung, der Fahrer- und Führerscheinkarte, sowie der Beförderungsdokumente
- Sorgfaltspflicht zur Einhaltung der Lenk-, Ruhe- und Arbeitszeiten
- ordnungsgemäßer Betrieb des Fahrtenschreibers
- ordnungsgemäße Beschriftung von Schaublättern, Ausdrucken, Tageskontrollblättern und sonstigen notwendigen Unterlagen
- erforderliche handschriftliche oder manuelle Nachträge auf Schaublättern, Ausdrucken oder im digitalen Fahrtenschreiber
- Abgabepflicht von Daten auf der Fahrerkarte oder der Schaublätter, Ausdrucke und Tageskontrollblätter sowie anderer Unterlagen an den Unternehmer
- Duldung des Betretens und Besichtigens von Grundstücken, Betriebsanlagen, Geschäftsräumen und Beförderungsmitteln (Führerhaus) während der Betriebs- oder Arbeitszeit

Pflichten, Kontrollen, Hinweise

- Duldung des Betretens und Besichtigens außerhalb dieser Zeiten sowie auch der Wohnungen, wenn sich die Betriebs- oder Geschäftsräume darin befinden, zur Verhütung von dringenden Gefahren für die öffentliche Sicherheit und Ordnung
- Duldung von Prüfungen und Untersuchungen sowie Einsichtnahme in geschäftliche Unterlagen
- Einsenden oder Aushändigen von Unterlagen, die sich auf Lohn- und Gehaltszahlungen beziehen
- Einsenden oder Aushändigen von Unterlagen, die sich auf Lenk-, Ruhe- oder Arbeitszeiten beziehen
- wahrheitsgemäße und vollständige Auskunftserteilung im Bezug zu den gesamten Vorschriften in diesem Rechtsbereich [Aussageverweigerungsrecht gem. § 383 (1) Nr. 1 bis 3 ZPO gilt uneingeschränkt]
- einer Anordnung über die Untersagung der Weiterfahrt Folge leisten.

Seit dem 02.02.2022 gilt gem. Art. 34 Abs. 7 VO (EU) Nr. 165/2014 bei grenzüberschreitenden Verkehren:

Fahrer mit digitalem Fahrtenschreiber tragen zu Beginn des ersten Halts auf dem nächstmöglichen Halteplatz oder nach der Grenze das Ländersymbol ein, in das sie einreisen.

2.1.4

Anhang

**Leitlinien 1 – 8
zu den
Lenk- und Ruhezeiten
für Berufskraftfahrer**

**VO (EG) Nr. 561/2006
zur Harmonisierung bestimmter Sozialvorschriften im
Straßenverkehr**

**VO (EU) Nr. 165/2014
über Fahrtenschreiber im Straßenverkehr**

**Arbeitszeitgesetz
(ArbZG)**

**Arbeitszeitgesetz
für selbstständige Kraftfahrer
(KrFArbZG)**

Anhang

SOZIALVORSCHRIFTEN IM STRASSENVERKEHR
Verordnung (EG) Nr. 561/2006, Richtlinie 2006/22/EG,
Verordnung (EWG) Nr. 3821/85

LEITLINIE NR. 1

Sachverhalt: Ausnahmsweise Abweichung von den Mindestruhezeiten und maximalen Lenkzeiten zum Aufsuchen eines geeigneten Halteplatzes

Artikel: Artikel 12 der Verordnung (EG) Nr. 561/2006

Leitlinien:

Gemäß den Bestimmungen von Artikel 12 darf ein Fahrer von den in den Artikeln 6 bis 9 festgelegten Mindestruhezeiten und maximalen Lenkzeiten abweichen, um nach einem geeigneten Halteplatz zu suchen. Artikel 12 erlaubt es einem Fahrer jedoch nicht, von den Bestimmungen der Verordnung aus Gründen abzuweichen, die bereits vor Fahrtantritt bekannt waren. Die Bestimmungen dieses Artikels sollen den Fahrern ermöglichen, auf Situationen zu reagieren, die unerwartet während der Fahrt eintreten und es unmöglich machen, die Vorschriften der Verordnung einzuhalten, also auf Situationen, in denen der Fahrer sich mit außergewöhnlichen Schwierigkeiten konfrontiert sieht, die von seinem Willen unabhängig, anscheinend unvermeidbar und selbst bei gebotener Sorgfalt unvorhersehbar sind. Mit der Ausnahmeregelung soll darüber hinaus die Sicherheit von Personen, Fahrzeug und Ladung gewährleistet und der Auflage nachgekommen werden, in jedem Fall die Erfordernisse der Straßenverkehrssicherheit zu berücksichtigen.

Drei Parteien unterliegen in derartigen Situationen bestimmten Verpflichtungen:

1. Ein **Verkehrsunternehmen** hat den Einsatz eines Fahrers so sorgfältig zu planen, dass die Sicherheit gewährleistet ist, indem beispielsweise regelmäßig auftretende Verkehrsstaus, die Wetterbedingungen und die Verfügbarkeit angemessener Parkplätze bedacht werden. Das bedeutet, dass das Unternehmen die Arbeit so organisieren muss, dass es dem Fahrer möglich ist, die Bestimmungen der Verordnung einzuhalten. Außerdem sollte darauf geachtet werden, dass den Anforderungen von Speditionen und Versicherungsunternehmen in Bezug auf ein sicheres Parken nachgekommen wird.

2. Ein **Fahrer** muss sich strikt an die Vorschriften halten und darf nicht von den maximal zulässigen Lenkzeiten abweichen, es sei denn, es wird aufgrund unerwartet eintretender außergewöhnlicher Umstände

Leitlinien 1 – 8

unmöglich, die Bestimmungen der Verordnung einzuhalten, ohne die Straßenverkehrssicherheit oder die Sicherheit von Personen, Fahrzeug oder Ladung zu gefährden. Gelangt ein Fahrer zu dem Schluss, dass eine Abweichung von den Bestimmungen der Verordnung erforderlich ist und dass dadurch nicht die Sicherheit im Straßenverkehr gefährdet wird, hat er, sobald er anhält, handschriftlich Art und Grund der Abweichung zu vermerken (in einer beliebigen Gemeinschaftssprache auf dem Schaublatt oder auf einem Ausdruck aus dem Kontrollgerät oder im Arbeitszeitplan).

3. Es liegt im pflichtgemäßen Ermessen der **für die Durchsetzung zuständigen Stellen**, bei der Kontrolle eines Fahrers zu bewerten, ob die Abweichung von den maximal zulässigen Lenkzeiten gerechtfertigt ist. Bei der Beurteilung der Rechtmäßigkeit einer Abweichung auf der Grundlage von Artikel 12 hat die zuständige Stelle sämtliche Umstände des Einzelfalls sorgfältig zu prüfen. Insbesondere ist Folgendes zu beachten:

   a) Es sind die früheren Aufzeichnungen über die Lenkzeiten des betreffenden Fahrers zu prüfen, um dessen üblichen Arbeitsrhythmus zu ermitteln und festzustellen, ob er in der Regel die vorgeschriebenen Lenk- und Ruhezeiten einhält und ob die Abweichung tatsächlich eine Ausnahme darstellt.

   b) Bei der Abweichung von den maximal zulässigen Lenkzeiten darf es sich nicht um ein regelmäßiges Vorkommnis handeln. Die Abweichung muss ihren Grund in außergewöhnlichen Umständen haben, wie etwa größeren Verkehrsunfällen, extremen Wetterbedingungen, Verkehrsumleitungen, Parkplatzmangel. (*Diese Aufzählung möglicher außergewöhnlicher Umstände ist nicht abschließend. Bei der Beurteilung des Einzelfalls ist nach dem Grundsatz zu verfahren, dass der Grund für eine etwaige Abweichung von den maximal zulässigen Lenkzeiten nicht im Voraus bekannt und auch nicht vorhersehbar sein darf.*)

   c) Die maximal zulässigen täglichen und wöchentlichen Lenkzeiten sollten eingehalten werden. Der Fahrer sollte also nicht die Möglichkeit haben, durch Überschreitung der zulässigen Lenkzeiten bei der Parkplatzsuche einen Zeitvorteil zu erzielen.

   d) Die Abweichung von den Vorschriften über die Lenkzeiten darf nicht zur Verkürzung der vorgeschriebenen Fahrtunterbrechungen und der täglichen und wöchentlichen Ruhezeit führen.

Bezug: Europäischer Gerichtshof, Rechtssache C-235/94

Anhang

SOZIALVORSCHRIFTEN IM STRASSENVERKEHR
*Verordnung (EG) Nr. 561/2006, Richtlinie 2006/22/EG,
Verordnung (EWG) Nr. 3821/85*

LEITLINIE NR. 2

Sachverhalt: Erfassung der Zeiten, die ein Fahrer aufwendet, um sich zu einem Ort zu begeben, bei dem es sich nicht um den üblichen Ort der Übernahme oder Übergabe eines in den Geltungsbereich der Verordnung (EG) Nr. 561/2006 fallenden Fahrzeugs handelt

Artikel: Artikel 9 der Verordnung (EG) Nr. 561/2006

Leitlinien:

Ein Fahrer, der sich zu einem bestimmten Ort begibt, bei dem es sich nicht um die Betriebsstätte des Arbeitgebers handelt und an dem er gemäß Weisung seines Arbeitgebers ein von ihm zu lenkendes, mit einem Kontrollgerät ausgestattetes Fahrzeug zu übernehmen hat, erfüllt damit eine Verpflichtung gegenüber seinem Arbeitgeber und verfügt somit nicht frei über seine Zeit.

Daher gilt in Übereinstimmung mit Artikel 9 Absätze 2 und 3 Folgendes:

– Die von einem Fahrer aufgewandten Zeiten, um zu einem Ort zu gelangen oder von einem Ort zurückzukehren, bei dem es sich weder um den Wohnsitz des Fahrers noch um die Betriebsstätte des Arbeitgebers handelt und an dem der Fahrer ein in den Geltungsbereich der Verordnung fallendes Fahrzeug zu übernehmen oder abzustellen hat, sollten – unabhängig davon, ob der Arbeitgeber Weisungen erteilt hat, wann und wie dieser Weg zurückzulegen ist, oder ob dies ins Ermessen des Fahrers gestellt wurde – entweder als „Bereitschaftszeiten" oder als „andere Arbeiten" erfasst werden.

– Die von einem Fahrer aufgewandten Zeiten, um ein <u>nicht in den Geltungsbereich der Verordnung fallendes</u> Fahrzeug zu einem Ort zu fahren oder von einem Ort wegzufahren, bei dem es sich weder um den Wohnsitz des Fahrers noch um die Betriebsstätte des Arbeitgebers handelt und an dem der Fahrer ein in den Geltungsbereich der Verordnung fallendes Fahrzeug zu übernehmen oder abzustellen hat, sollten als „sonstige Arbeiten" erfasst werden.

In folgenden drei Fällen können die An- und Abfahrtzeiten als „Ruhepausen" oder „Fahrtunterbrechungen" angesehen werden:

Erstens: Wenn ein Fahrer ein Fahrzeug begleitet, das auf einem Fährschiff oder mit der Eisenbahn befördert wird. In diesem Fall kann der Fahrer eine Ruhepause oder eine Fahrtunterbrechung einlegen, <u>sofern</u>

Leitlinien 1 – 8

ihm eine Schlafkabine bzw. ein Liegeplatz zur Verfügung steht (Artikel 9 Absatz 1).

Zweitens: Wenn der Fahrer nicht ein Fahrzeug begleitet, sondern sich in einem Zug oder auf einem Fährschiff zu einem Ort begibt oder von einem Ort zurückkehrt, an dem er ein in den Geltungsbereich der Verordnung fallendes Fahrzeug übernimmt bzw. übergeben hat (Artikel 9 Absatz 2), vorausgesetzt, er hat in dem betreffenden Zug Zugang zu einem Liegewagen bzw. auf dem betreffenden Fährschiff Zugang zu einer Koje.

Drittens: Wenn ein Fahrzeug mit mehr als einem Fahrer besetzt ist. Steht bei Bedarf ein zweiter Fahrer zum Lenken des Fahrzeugs zur Verfügung, der neben dem Fahrer des Fahrzeugs sitzt und diesen nicht aktiv bei seiner Tätigkeit unterstützt, kann ein Zeitraum von 45 Minuten der „Bereitschaftszeiten" dieser Person als „Fahrtunterbrechung" angesehen werden.

Es erfolgt keine Differenzierung in Abhängigkeit von der Art des Arbeitsvertrags des Fahrers. Die betreffenden Vorschriften gelten somit sowohl für Fahrer, die in einem Dauerarbeitsverhältnis stehen als auch für Fahrer, die bei einem Zeitarbeitsunternehmen beschäftigt sind.

Bei einem „entliehenen" Fahrer ist die „Betriebsstätte des Arbeitgebers" die Betriebsstätte eines Unternehmens, das für die Durchführung von Straßentransporten die Dienste des betreffenden Fahrers in Anspruch nimmt, („Entleihunternehmen") und nicht der Hauptsitz des Zeitarbeitsunternehmens.

Bezug: Europäischer Gerichtshof, Rechtssachen C-76/77 und C-297/99

Anhang

SOZIALVORSCHRIFTEN IM STRASSENVERKEHR
*Verordnung (EG) Nr. 561/2006, Richtlinie 2006/22/EG,
Verordnung (EWG) Nr. 3821/85*

LEITLINIE NR. 3

Sachverhalt: Anordnung einer Unterbrechung einer Ruhepause oder einer täglichen oder wöchentlichen Ruhezeit zum Bewegen eines Fahrzeugs an einem Terminal, einem Parkplatz oder einer Grenze

Artikel: Artikel 4 Buchstaben d und f der Verordnung (EG) Nr. 561/2006

Leitlinien:

Generell sollte ein Fahrer während seiner täglichen oder wöchentlichen Ruhezeit frei über seine Zeit verfügen können und somit nicht verpflichtet sein, sich in der Nähe seines Fahrzeugs aufzuhalten.

In der Regel stellt die Unterbrechung einer Ruhepause oder einer täglichen oder wöchentlichen Ruhezeit einen Verstoß dar (es sei denn, die „Fährenregelung" (Artikel 9 Absatz 1) findet Anwendung). An einem Terminal oder Parkplatz kann jedoch eine unerwartete Situation oder ein Notfall eintreten, in dem ein Fahrzeug bewegt werden muss.

Üblicherweise gibt es an einem Terminal einen Fahrer (einen Angestellten des Terminals), der die Fahrzeuge bei Bedarf bewegt. Ist dies nicht der Fall und ist ein Bewegen des Fahrzeugs aufgrund außergewöhnlicher Umstände unerlässlich, darf der Fahrer des betreffenden Fahrzeugs seine Ruhepause unterbrechen, allerdings nur nach Aufforderung durch eine zuständige Behörde oder einen Bediensteten des Terminals, die ermächtigt sind, die Bewegung eines Fahrzeugs anzuordnen.

An anderen Orten (z. B. auf Parkplätzen, an Grenzübergängen sowie in Notfällen) hat der Fahrer bei Vorliegen <u>objektiver, notfallbedingter Gründe</u>, aus denen das Fahrzeug bewegt werden muss, oder auf entsprechende polizeiliche oder sonstige behördliche Anordnung (z. B. durch Feuerwehr, Straßenverwaltungsbehörden, Zollbeamte) seine Pause oder Ruhezeit für einige Minuten zu unterbrechen. In diesem Fall sollte die Zuwiderhandlung nicht geahndet werden.

Sollte ein solcher Fall eintreten, müssen die für die Durchsetzung zuständigen nationalen Stellen nach Würdigung der individuellen Umstände eine gewisse Toleranz walten lassen.

Eine derartige Unterbrechung der Ruhepause oder Ruhezeit eines Fahrers ist von diesem handschriftlich festzuhalten und sollte, soweit möglich, von der zuständigen Behörde, die dem Fahrer die Anweisung erteilt hat, das Fahrzeug zu bewegen, bestätigt werden.

Leitlinien 1 – 8

Anhang

SOZIALVORSCHRIFTEN IM STRASSENVERKEHR
*Verordnung (EG) Nr. 561/2006, Richtlinie 2006/22/EG,
Verordnung (EWG) Nr. 3821/85*

LEITLINIE NR. 4

Sachverhalt: Aufzeichnung der Lenkzeiten durch digitale Fahrtenschreiber bei Fahrten, die mit häufigen Stopps verbunden sind

Artikel: Artikel 1 der Verordnung (EWG) Nr. 3821/85 mit Bezugnahme auf die Verordnung (EG) Nr. 1360/2002 (Anhang 1B)

Leitlinien:

Da digitale Kontrollgeräte genauere Aufzeichnungen liefern als analoge Kontrollgeräte, können sich Fahrer, die während der Fahrt häufig Stopps einlegen müssen, mit dem Problem konfrontiert sehen, dass bei Verwendung eines digitalen Kontrollgerätes längere Lenkzeiten erfasst werden als dies bei Verwendung eines analogen Kontrollgerätes der Fall wäre. Dieses Problem ist vorübergehender Natur und betrifft in erster Linie Auslieferungstransporte im Nahbereich. Es tritt nur während eines Übergangszeitraums auf, in dem analoge und digitale Kontrollgeräte nebeneinander verwendet werden.

Um eine rasche Verbreitung digitaler Kontrollgeräte zu fördern und gleichzeitig eine Gleichbehandlung der Fahrer – unabhängig vom verwendeten Kontrollgerät – zu gewährleisten, sollten die für die Durchsetzung zuständigen nationalen Stellen während dieses Übergangszeitraums einen Toleranzspielraum vorsehen können. Die übergangsweise angewandte Toleranz sollte für Fahrzeuge gelten, die mit häufigen Stopps verbundene Transporte durchführen und mit digitalen Kontrollgeräten ausgerüstet sind.

Von den für die Durchsetzung zuständigen Stellen wird erwartet, dass sie nach ihrem pflichtgemäßen Ermessen entscheiden. Im Übrigen sind sämtliche Zeiten, während derer ein Fahrer am Steuer des Fahrzeugs sitzt und aktiv an der Durchführung eines in den Geltungsbereich der Verordnung fallenden Transports mitwirkt, – unabhängig von den jeweiligen Umständen (ob er beispielsweise im Stau steht oder an einer Ampel halten muss) – als Lenkzeiten anzusehen.

Daher gilt Folgendes:

- Die Mitgliedstaaten sollten ihre Kontrollorgane darüber unterrichten, dass sie bei der Überprüfung der von einem digitalen Kontrollgerät aufgezeichneten Daten eine Toleranz von bis zu 15 Minuten für einen Zeitraum von viereinhalb (4,5) Stunden ununterbrochener Lenkzeit gelten lassen dürfen bei Fahrzeugen, die mit häufigen Stopps ver-

Leitlinien 1 – 8

bundene Fahrten durchführen, vorausgesetzt, dass dies nachgewiesen werden kann. Diese Toleranz kann beispielsweise angewandt werden in Form des Abzugs einer Minute je ununterbrochene Lenkzeit zwischen den einzelnen Stopps, wobei jedoch insgesamt maximal 15 Minuten je ununterbrochene Lenkzeit von viereinhalb (4,5) Stunden in Abzug gebracht werden dürfen.

- Die Kontrollorgane sollten, wenn sie von ihrem Ermessensspielraum Gebrauch machen, alle Umstände des Einzelfalls berücksichtigen und hierzu die ihnen vorgelegten Nachweise heranziehen (wie etwa einen überprüfbaren Nachweis darüber, dass der Fahrer häufige Stopps einlegen musste). Sie haben sicherzustellen, dass ihre Auslegung nicht der ordnungsgemäßen Anwendung der Lenkzeitvorschriften zuwiderläuft und dass dadurch nicht die Sicherheit im Straßenverkehr beeinträchtigt wird.

- Die Mitgliedstaaten können Auswertesoftware verwenden, die so konfiguriert ist, dass sie bei der Berechnung der Lenkzeiten eine Toleranz einkalkuliert. Dabei ist jedoch zu beachten, dass dadurch später Probleme bezüglich der Nachweisbarkeit entstehen können. Die Toleranz darf in keinem Fall 15 Minuten für eine ununterbrochene Lenkzeit von viereinhalb (4,5) Stunden überschreiten.

- Bei der Anwendung der Toleranz sollten weder inländische noch ausländische Fahrer diskriminiert oder benachteiligt werden. Die Toleranz sollte nur für Transporte gelten, die eindeutig mit häufigen Stopps verbunden sind.

Anhang

SOZIALVORSCHRIFTEN IM STRASSENVERKEHR
Verordnung (EG) Nr. 561/2006, Richtlinie 2006/22/EG, Verordnung (EWG) Nr. 3821/85

LEITLINIE NR. 5

Gegenstand: Formblatt zur Bescheinigung von Tätigkeiten gemäß dem Beschluss der Kommission vom 14. Dezember 2009 zur Änderung der Entscheidung 2007/230/EG über ein Formblatt betreffend die Sozialvorschriften für Tätigkeiten im Kraftverkehr

Artikel: Artikel 11 Absatz 3 und Artikel 13 der Richtlinie 2006/22/EG

Leitlinien:

Die Bescheinigung ist nicht erforderlich für Tätigkeiten, die vom Fahrtenschreiber erfasst werden können. Hauptquelle von Informationen bei Straßenkontrollen sind Aufzeichnungen des Fahrtenschreibers. Das Fehlen von Aufzeichnungen sollte nur gerechtfertigt sein, wenn Fahrtenschreiberaufzeichnungen, einschließlich manueller Einträge, aus objektiven Gründen nicht möglich waren. In jedem Fall sind die vollständigen Fahrtenschreiberaufzeichnungen, gegebenenfalls ergänzt durch das Formblatt, für den Nachweis der Einhaltung der Verordnung (EG) Nr. 561/2006 oder des AETR als hinreichend anzuerkennen, sofern kein begründeter Verdacht besteht.

Die Bescheinigung gilt für bestimmte Tätigkeiten, die während des in Artikel 15 Absatz 7 Buchstabe a der Verordnung (EWG) Nr. 3821/85 genannten Zeitraums, d. h. während des laufenden Tages und der vorausgehenden 28 Tage, ausgeübt werden.

Die Bescheinigung darf ausgestellt werden, wenn der Fahrer:

- erkrankt war;
- sich im Erholungsurlaub als Teil seines Jahresurlaubs im Sinne der in dem Mitgliedstaat, in dem das Unternehmen seinen Sitz hat, geltenden Rechtsvorschriften befunden hat;
- sich im Urlaub oder in Ruhezeit befunden hat;
- ein vom Anwendungsbereich der Verordnung (EG) Nr. 561/2006 oder des AETR ausgenommenes Fahrzeug gelenkt hat;
- andere Tätigkeiten als Lenktätigkeiten ausgeführt hat;
- zur Verfügung stand

und es nicht möglich war, diese Tätigkeiten mit dem Kontrollgerät zu erfassen.

Leitlinien 1 – 8

Das Kästchen „Urlaub oder Ruhezeit" darf angekreuzt werden, wenn der Fahrer keine Lenk- oder sonstigen Tätigkeiten ausgeübt hat oder nicht zur Verfügung stand, nicht erkrankt war und sich nicht im Erholungsurlaub befand, was auch Fälle wie Kurzarbeit, Streik oder Aussperrung einschließt.

Die Mitgliedstaaten sind nicht verpflichtet, die Verwendung dieses Formblatts zu verlangen. Ist jedoch die Ausstellung eines Formblatts vorgeschrieben, so muss dieses standardisierte Formblatt anerkannt werden. Für die normalen täglichen oder wöchentlichen Ruhezeiten darf jedoch keine Verwendung von Formblättern vorgeschrieben werden.

Das elektronische und druckfähige Formblatt sowie Angaben zu den Mitgliedstaaten, die ausschließlich dieses Formblatt anerkennen, sind abrufbar unter:

http://ec.europa.eu/transport/modes/road/social_provisions/driving_time/form_attestation_activities_en.htm

Das Formblatt wird in der gesamten EU in allen Amtssprachen der Union anerkannt. Aufgrund seines Standardformats kann das Formblatt leicht gelesen werden, da die auszufüllenden Felder genau vorgegeben und nummeriert sind. Im AETR-Verkehr wird die Verwendung des von der Wirtschaftskommission der Vereinten Nationen für Europa erstellten Formblatts empfohlen (http://www.unece.org/trans/main/sc1/sc1.html).

Alle Felder des Formblatts sind maschinenschriftlich auszufüllen. Das Formblatt ist nur gültig, wenn es von einem Vertreter des Unternehmens und vom Fahrer vor Antritt der Fahrt unterzeichnet wurde. Selbständig tätige Fahrer unterzeichnen sowohl als Vertreter des Unternehmens wie auch als Fahrer.

Nur das im Original unterzeichnete Formblatt ist gültig. Der Text des Formblatts darf nicht verändert werden. Das Formblatt darf weder vorab unterzeichnet noch handschriftlich verändert werden. Soweit nach den einzelstaatlichen Rechtsvorschriften zulässig, kann ein Fax oder eine digitalisierte Kopie anerkannt werden.

Das Formblatt kann mit dem Unternehmenslogo und den Adressangaben auf Papier ausgedruckt werden, wobei allerdings die Felder mit den Angaben zum Unternehmen trotzdem auszufüllen sind.

Anhang

SOZIALVORSCHRIFTEN IM STRASSENVERKEHR
Verordnung (EG) Nr. 561/2006, Richtlinie 2006/22/EG, Verordnung (EWG) Nr. 3821/85

ANWENDUNGSLEITLINIE 6

Sachverhalt: Aufzeichnung der Zeiten, die der Fahrer in einer Eisenbahn oder auf einem Fährschiff verbringt, wo er Zugang zu einer Schlafkabine oder einem Liegeplatz hat

Artikel: 9 Absatz 1 der Verordnung (EG) Nr. 561/2006

Leitlinien:

Während einer Ruhepause kann der Fahrer gemäß Artikel 4 Buchstabe f frei über seine Zeit verfügen. Des Weiteren hat der Fahrer Anspruch auf tägliche oder wöchentliche Ruhezeiten oder Fahrtunterbrechungen, wenn er sich in einer Eisenbahn oder auf einem Fährschiff befindet, sofern ihm eine Schlafkabine oder ein Liegeplatz zur Verfügung stehen.

Dies ergibt sich aus Artikel 9 Absatz 2, nach dem Anreise- oder Rückreisezeit **„nur dann** als Ruhepause oder Fahrtunterbrechung anzusehen [ist], wenn sich der Fahrer in einer Eisenbahn oder auf einem Fährschiff befindet und Zugang zu einer Schlafkabine oder einem Liegeplatz hat."

Gemäß Artikel 9 Absatz 1 darf außerdem eine **regelmäßige tägliche Ruhezeit** von mindestens 11 Stunden in einer Eisenbahn oder auf einem Fährschiff (sofern dem Fahrer eine Schlafkabine oder ein Liegeplatz zur Verfügung stehen) höchstens zwei Mal durch andere Tätigkeiten (beispielsweise an Bord/von Bord des Fährschiffes gehen oder in die Eisenbahn ein-/aus der Eisenbahn aussteigen) unterbrochen werden. Die Dauer dieser Tätigkeiten darf insgesamt eine Stunde nicht überschreiten. In keinem Fall darf diese Zeit zu einer Reduzierung einer regelmäßigen täglichen Ruhezeit führen.

Wird die regelmäßige tägliche Ruhezeit in zwei Teilen genommen, wobei (gemäß Artikel 4 Buchstabe g) der erste Teil mindestens 3 Stunden und der zweite Teil mindestens 9 Stunden umfassen muss, gilt die Anzahl der Unterbrechungen (höchstens zwei) für den gesamten Zeitraum der täglichen Ruhezeit und nicht für jeden Teil der täglichen Ruhezeit, wenn sie in zwei Teilen genommen wird.

Die abweichende Regelung in Artikel 9 Absatz 1 gilt weder für die regelmäßige noch für die reduzierte wöchentliche Ruhezeit.

Leitlinien 1 – 8

Anhang

SOZIALVORSCHRIFTEN IM STRASSENVERKEHR
Verordnung (EG) Nr. 561/2006, Richtlinie 2006/22/EG, Verordnung (EU) Nr. 165/2014

LEITLINIE NR. 7

Gegenstand: Die Bedeutung von „innerhalb von 24 Stunden"

Artikel: 8 Absätze 2 und 5 der Verordnung (EG) Nr. 561/2006

Leitlinien:

Nach Artikel 8 Absatz 2 der Verordnung muss innerhalb von 24 Stunden nach dem Ende der vorangegangenen Ruhezeit (regelmäßige oder reduzierte tägliche oder wöchentliche Ruhezeit) eine neue tägliche Ruhezeit genommen werden. Der nächste 24-Stunden-Zeitraum beginnt ab dem Ende der qualifizierten täglichen oder wöchentlichen Ruhezeit, die genommen wurde. Unter „qualifizierter" Ruhezeit ist eine Ruhezeit mit einer vorschriftsmäßigen Mindestdauer zu verstehen, die innerhalb von 24 Stunden nach dem Ende der vorangegangenen Ruhezeit vollendet wurde. Diese qualifizierte Ruhezeit kann später als 24 Stunden nach dem Ende der vorangegangenen Ruhezeit enden, wenn ihre Gesamtdauer länger ist als die gesetzlich vorgeschriebene Mindestruhezeit.

Um festzustellen, ob die Bestimmungen über die tägliche Ruhezeit eingehalten wurden, sollten die Durchsetzungsbehörden alle auf eine qualifizierte tägliche oder wöchentliche Ruhezeit folgenden 24-Stunden-Zeiträume prüfen.

Wenn die Durchsetzungsbehörden feststellen, dass der Fahrer während der Tätigkeitszeiten im Anschluss an eine qualifizierte tägliche oder wöchentliche Ruhezeit keine qualifizierte tägliche Ruhezeit vollendet hat, wird empfohlen, dass diese Behörden

1. die vorgenannten Tätigkeitszeiträume in aufeinander folgende Zeiträume von 24 Stunden aufteilen, beginnend mit dem Ende der letzten qualifizierten täglichen oder wöchentlichen Ruhezeit, und

2. die Bestimmungen über die täglichen Ruhezeiten auf jeden dieser Bezugszeiträume von 24 Stunden anwenden.

Fällt das Ende eines solchen 24-Stunden-Zeitraumes in die laufende Ruhezeit (bei der es sich nicht um eine qualifizierte Ruhezeit handelt, da ihre gesetzliche Mindestdauer nicht innerhalb des 24-Stunden-Zeitraumes vollendet wurde, sondern sie auch noch im nächsten 24-Stunden-Zeitraum fortgesetzt und die vorgeschriebene Mindestdauer erst einige Zeit danach erreicht wird), so berechnet sich der nächste 24-Stunden-Zeitraum ab dem Zeitpunkt, an dem ein Fahrer seine Ruhezeit

Leitlinien 1 – 8

von insgesamt mindestens 9 bzw. 11 oder mehr Stunden beendet und seine tägliche Arbeitszeit beginnt.

Wird eine qualifizierte tägliche oder wöchentliche Ruhezeit festgestellt, so beginnt der nächste zu beurteilende 24-Stunden-Zeitraum mit dem Ablauf dieser qualifizierten täglichen oder wöchentlichen Ruhezeit (ab dem Ende der jeweiligen Ruhezeit, falls die genommene Ruhezeit tatsächlich länger ist als die vorgeschriebene Mindestruhezeit).

Diese Berechnungsmethode dürfte es den Durchsetzungsbehörden ermöglichen, alle innerhalb jedes 24-Stunden-Zeitraums begangenen Verstöße gegen eine Bestimmung über die tägliche Ruhezeit aufzudecken und zu ahnden.

Für Fahrer im Mehrfahrerbetrieb sollte eine analoge Berechnungsmethode angewandt und der Bezugszeitraum von 24 Stunden gemäß Artikel 8 Absatz 5 der Verordnung durch einen Bezugszeitraum von 30 Stunden ersetzt werden.

Beispiel 1:

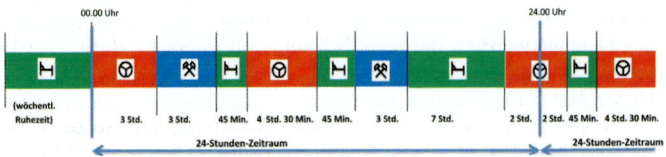

Ein Verstoß gegen die tägliche Ruhezeit

Nach Leitlinie Nr. 7: Wenn die Durchsetzungsbehörden feststellen, dass der Fahrer während der Tätigkeitszeiten im Anschluss an eine qualifizierte tägliche oder wöchentliche Ruhezeit keine qualifizierte tägliche Ruhezeit vollendet hat, wird empfohlen, dass diese Behörden

1. die vorgenannten Tätigkeitszeiträume in aufeinander folgende Zeiträume von 24 Stunden aufteilen, beginnend mit dem Ende der letzten qualifizierten täglichen oder wöchentlichen Ruhezeit, und

2. die Bestimmungen über die täglichen Ruhezeiten auf jeden dieser Bezugszeiträume von 24 Stunden anwenden.

Der neue 24-Stunden-Zeitraum beginnt um 24.00 Uhr.

Anhang

Beispiel 2:

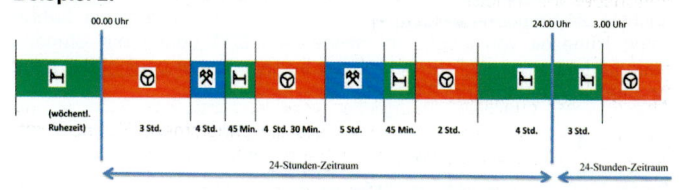

Ein Verstoß gegen die tägliche Ruhezeit

Nach Leitlinie Nr. 7: Wenn die Durchsetzungsbehörden feststellen, dass der Fahrer während der Tätigkeitszeiten im Anschluss an eine qualifizierte tägliche oder wöchentliche Ruhezeit keine qualifizierte tägliche Ruhezeit vollendet hat, wird empfohlen, dass diese Behörden

1. die vorgenannten Tätigkeitszeiträume in aufeinander folgende Zeiträume von 24 Stunden aufteilen, beginnend mit dem Ende der letzten qualifizierten täglichen oder wöchentlichen Ruhezeit, und

2. die Bestimmungen über die täglichen Ruhezeiten auf jeden dieser Bezugszeiträume von 24 Stunden anwenden.

Das Ende des 24-Stunden-Zeitraums fällt in die laufende Ruhezeit, bei der es sich nicht um eine qualifizierte Ruhezeit handelt, da ihre gesetzliche Mindestdauer nicht innerhalb des 24-Stunden-Zeitraumes vollendet wurde. Außerdem handelt es sich nicht um eine tägliche Ruhezeit mit der vorgeschriebenen Dauer. Daher <u>beginnt der neue 24-Stunden-Zeitraum um 24.00 Uhr.</u>

Beispiel 3:

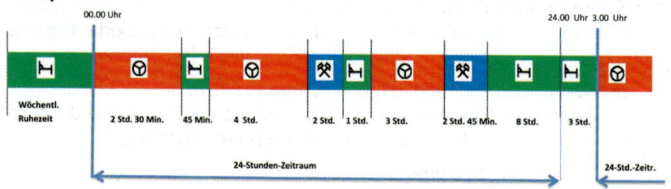

Ein Verstoß gegen die tägliche Ruhezeit

Nach Leitlinie Nr. 7: Das Ende des 24-Stunden-Zeitraumes fällt in die laufende Ruhezeit (bei der es sich nicht um eine qualifizierte Ruhezeit handelt, da ihre gesetzliche Mindestdauer nicht innerhalb des 24-Stunden-Zeitraumes vollendet wurde, sondern sie auch noch im nächsten 24-Stunden-Zeitraum fortgesetzt und die vorgeschriebene Mindest-

Leitlinien 1 – 8

dauer erst einige Zeit danach erreicht wird), so berechnet sich der nächste 24-Stunden-Zeitraum ab dem Zeitpunkt, an dem ein Fahrer seine Ruhezeit von insgesamt mindestens 9/11 oder mehr Stunden beendet und seine tägliche Arbeitszeit beginnt. Daher <u>beginnt der neue 24-Stunden-Zeitraum um 3.00 Uhr.</u>

Beispiel 4:

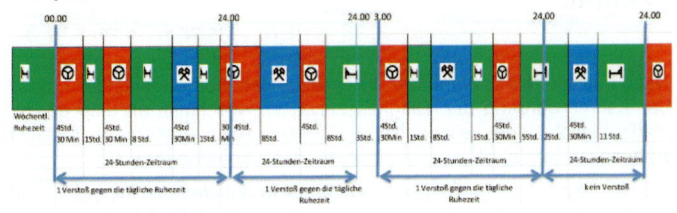

Beispiel 5: Mehrfahrerbetrieb

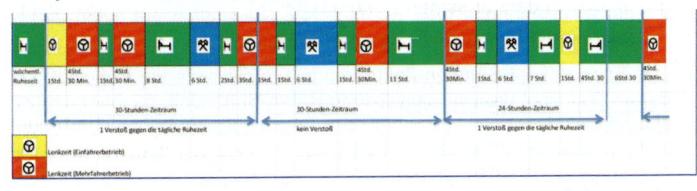

Die vorstehenden Beispiele dienen lediglich zur Veranschaulichung, wie die **Verstöße gegen die vorgeschriebene tägliche Ruhezeit** auf der Grundlage eines Bezugszeitraums von 24 Stunden festgestellt werden können.

Anhang

SOZIALVORSCHRIFTEN IM STRASSENVERKEHR
Verordnung (EG) Nr. 561/2006, Richtlinie 2006/22/EG, Verordnung (EG) Nr. 165/2014

LEITLINIE NR. 8

Gegenstand: Ausnahmesituationen, in denen Fahren ohne Fahrerkarte zulässig ist.

Artikel: Artikel 29 der Verordnung (EU) Nr. 165/2014 (Artikel 16 der aufgehobenen Verordnung (EG) Nr. 3821/85) und Artikel 13 Absatz 3 des Anhangs zum Europäischen Übereinkommen über die Arbeit des im internationalen Straßenverkehr beschäftigten Fahrpersonals (AETR)

Leitlinien:

Nach Artikel 29 der Verordnung (EU) Nr. 165/2014 muss der Fahrer bei Beschädigung, Fehlfunktion, Verlust oder Diebstahl der Fahrerkarte binnen sieben Kalendertagen bei den zuständigen Behörden des Mitgliedstaats, in dem er seinen gewöhnlichen Wohnsitz hat, die Ersetzung der Karte beantragen. Diese Behörden stellen binnen acht Arbeitstagen[1] nach Eingang eines entsprechenden begründeten Antrags bei ihnen eine Ersatzkarte aus. Unter diesen Umständen darf der Fahrer seine Fahrt ohne Fahrerkarte während eines Zeitraums von höchstens 15 Kalendertagen fortsetzen, bzw. während eines längeren Zeitraums, wenn dies für die Rückkehr des Fahrzeugs zu seinem Standort erforderlich ist, sofern der Fahrer nachweisen kann, dass es unmöglich war, die Fahrerkarte während dieses Zeitraums vorzulegen oder zu benutzen. Bei diesem Nachweis kann es sich um einen Polizeibericht über den Diebstahl oder Verlust der Karte, eine förmliche Erklärung gegenüber den zuständigen Behörden oder die Bestätigung der Einreichung eines Antrags auf eine Ersatzkarte handeln. Auch wenn die Frist von 15 Kalendertagen möglicherweise überschritten wird, wenn ein Antrag auf Ersatz einer Fahrerkarte am Ende der Frist von **sieben Kalendertagen** erfolgt und die Ersatzkarte durch die zuständigen Behörden am Ende der Frist von **acht Arbeitstagen** ausgehändigt wird, ändert sich nichts daran, dass ein Fahrer nach Artikel 29 Absatz 5 der Verordnung (EU) Nr. 165/2014 seine Fahrt ohne Fahrerkarte während eines Zeitraums von 15 Kalendertagen bzw. während eines längeren Zeitraums fort-

---

[1] Die Frist von 8 Arbeitstagen für die Ausstellung einer Ersatzkarte gilt ab 2. März 2016. Bis dahin gilt Artikel 14 Absatz 4 der Verordnung (EWG) Nr. 3821/85, wonach die Behörde binnen fünf Arbeitstagen nach Eingang eines entsprechenden begründeten Antrags eine Ersatzkarte auszustellen hat.

Leitlinien 1 – 8

setzen darf, wenn dies für die Rückkehr des Fahrzeugs zu seinem Standort erforderlich ist.

Einem Fahrer, der von einer Fahrt, bei der es zu Beschädigung, Fehlfunktion, Verlust oder Diebstahl seiner Fahrerkarte kam, an den Standort des Verkehrsunternehmens zurückkehrt, sollte nur dann gemäß Artikel 29 der Verordnung (EU) Nr. 165/2014 gestattet werden, während eines Zeitraums von 15 Kalendertagen oder während eines längeren Zeitraums – wenn dies für die Rückkehr des Fahrzeugs zu seinem Standort erforderlich ist – weitere Fahrten ohne Fahrerkarte durchzuführen, wenn dieser Fahrer innerhalb der Frist von sieben Kalendertagen die Ausstellung einer neuen Karte bei der zuständigen Behörde beantragt, damit er anschließend nachweisen kann, dass er auf die Ausstellung einer Ersatzkarte wartet.

Diese Schlussfolgerung ergibt sich aus den vorstehend genannten Bestimmungen und auch aus dem Gedanken, dass die Kontinuität der Tätigkeit der Verkehrsunternehmen nicht unverhältnismäßig stark beeinträchtigt werden darf, sofern alle übrigen speziell für das Fahren ohne Fahrerkarte geltenden Sicherungsmaßnahmen (wie Ausdrucke und manuelle Aufzeichnungen) ebenfalls Anwendung finden.

Anhang

VO (EG) Nr. 561/2006

des Rates vom 15. März 2006
zur Harmonisierung bestimmter Sozialvorschriften im Straßenverkehr
und zur Änderung der VO (EWG) Nr. 3821/85 und (EG) Nr. 2135/98
sowie zur Aufhebung der VO (EWG) Nr. 3820/85 des Rates
Nachfolgeverordnung der
VO (EWG) 3820/85 Lenk- und Ruhezeiten betreffend

<u>Geändert durch:</u>
Verordnung (EG) Nr. 1073/2009 des Europäischen Parlaments und des Rates vom 21. Oktober 2009

<u>Berichtigt durch:</u>
Berichtigung, ABl. L 70 vom 14.3.2009, S. 19 (561/2006)

<u>Geändert durch:</u>
Artikel 45 der Verordnung (EG) Nr. 165/2014 des Europäischen Parlaments und des Rates vom 4. Februar 2014

<u>Berichtigt durch:</u>
Berichtigung, ABl. L 101 vom 18.4.2015

<u>Berichtigt durch:</u>
Berichtigung, ABl. L 195 vom 20.7.2016

<u>Geändert durch:</u>
Artikel 1 der Verordnung (EU) 2020/1054 des Europäischen Parlaments und des Rates vom 15. Juli 2020

KAPITEL 1
EINLEITENDE BESTIMMUNGEN

Artikel 1

Durch diese Verordnung werden Vorschriften zu den Lenkzeiten, Fahrtunterbrechungen und Ruhezeiten für Kraftfahrer im Straßengüter- und -personenverkehr festgelegt, um die Bedingungen für den Wettbewerb zwischen Landverkehrsträgern, insbesondere im Straßenverkehrsgewerbe, anzugleichen und die Arbeitsbedingungen sowie die Straßenverkehrssicherheit zu verbessern. Ziel dieser Verordnung ist es ferner, zu einer besseren Kontrolle und Durchsetzung durch die Mitgliedstaaten sowie zu einer besseren Arbeitspraxis innerhalb des Straßenverkehrsgewerbes beizutragen.

VO (EG) Nr. 561/2006

Artikel 2

(1) Diese Verordnung gilt für folgende Beförderungen im Straßenverkehr:

a) Güterbeförderung mit Fahrzeugen, deren zulässige Höchstmasse einschließlich Anhänger oder Sattelanhänger 3,5 t übersteigt, oder

aa) ab dem 1. Juli 2026 bei grenzüberschreitenden Güterbeförderungen oder bei Kabotagebeförderungen mit Fahrzeugen, deren zulässige Höchstmasse einschließlich Anhänger oder Sattelanhänger 2,5 Tonnen übersteigt, oder

b) Personenbeförderung mit Fahrzeugen, die für die Beförderung von mehr als neun Personen einschließlich des Fahrers konstruiert oder dauerhaft angepasst und zu diesem Zweck bestimmt sind.

(2) Diese Verordnung gilt unabhängig vom Land der Zulassung des Fahrzeugs für Beförderungen im Straßenverkehr

a) ausschließlich innerhalb der Gemeinschaft oder

b) zwischen der Gemeinschaft, der Schweiz und den Vertragsstaaten des Abkommens über den Europäischen Wirtschaftsraum.

(3) Das AETR gilt anstelle dieser Verordnung für grenzüberschreitende Beförderungen im Straßenverkehr, die teilweise außerhalb der in Absatz 2 genannten Gebiete erfolgen,

a) im Falle von Fahrzeugen, die in der Gemeinschaft oder in Staaten, die Vertragsparteien des AETR sind, zugelassen sind, für die gesamte Fahrstrecke;

b) im Falle von Fahrzeugen, die in einem Drittstaat, der nicht Vertragspartei des AETR ist, zugelassen sind, nur für den Teil der Fahrstrecke, der im Gebiet der Gemeinschaft oder von Staaten liegt, die Vertragsparteien des AETR sind.

Die Bestimmungen des AETR sollten an die Bestimmungen dieser Verordnung angepasst werden, damit die wesentlichen Bestimmungen dieser Verordnung über das AETR auf solche Fahrzeuge für den auf Gemeinschaftsgebiet liegenden Fahrtabschnitt angewendet werden können.

Artikel 3

Diese Verordnung gilt nicht für Beförderungen im Straßenverkehr mit folgenden Fahrzeugen:

Anhang

a) Fahrzeuge, die zur Personenbeförderung im Linienverkehr verwendet werden, wenn die Linienstrecke nicht mehr als 50 km beträgt;

aa) Fahrzeuge oder Fahrzeugkombinationen mit einer zulässigen Höchstmasse von nicht mehr als 7,5 Tonnen, die

  i) zur Beförderung von Material, Ausrüstungen oder Maschinen benutzt werden, die der Fahrer zur Ausübung seines Berufes benötigt, oder

  ii) zur Auslieferung von handwerklich hergestellten Gütern,

  ausschließlich in einem Umkreis von 100 km vom Standort des Unternehmens, und unter der Bedingung, dass das Lenken des Fahrzeugs für den Fahrer nicht die Haupttätigkeit darstellt und dass die Beförderung nicht gewerblich erfolgt;

b) Fahrzeuge mit einer zulässigen Höchstgeschwindigkeit von nicht mehr als 40 km/h;

c) Fahrzeuge, die Eigentum der Streitkräfte, des Katastrophenschutzes, der Feuerwehr oder der für die Aufrechterhaltung der öffentlichen Ordnung zuständigen Kräfte sind oder von ihnen ohne Fahrer angemietet werden, sofern die Beförderung aufgrund der diesen Diensten zugewiesenen Aufgaben stattfindet und ihrer Aufsicht unterliegt;

d) Fahrzeuge – einschließlich Fahrzeuge, die für nichtgewerbliche Transporte für humanitäre Hilfe verwendet werden –, die in Notfällen oder bei Rettungsmaßnahmen verwendet werden;

e) Spezialfahrzeuge für medizinische Zwecke;

f) spezielle Pannenhilfefahrzeuge, die innerhalb eines Umkreises von 100 km um ihren Standort eingesetzt werden;

g) Fahrzeuge, mit denen zum Zweck der technischen Entwicklung oder im Rahmen von Reparatur oder Wartungsarbeiten Probefahrten auf der Straße durchgeführt werden, sowie neue oder umgebaute Fahrzeuge, die noch nicht in Betrieb genommen worden sind;

h) Fahrzeuge oder Fahrzeugkombinationen mit einer zulässigen Höchstmasse von nicht mehr als 7,5 t, die zur nichtgewerblichen Güterbeförderung verwendet werden;

ha) Fahrzeuge mit einer zulässigen Höchstmasse einschließlich Anhänger oder Sattelanhänger von mehr als 2,5 aber nicht mehr als 3,5 Tonnen, die für die Güterbeförderung eingesetzt werden, wenn die Beförderung nicht als gewerbliche Beförderung, sondern durch das

> **VO (EG) Nr. 561/2006**

Unternehmen oder den Fahrer im Werkverkehr erfolgt und das Fahren nicht die Haupttätigkeit der Person darstellt, die das Fahrzeug führt;

i) Nutzfahrzeuge, die nach den Rechtsvorschriften des Mitgliedstaats, in dem sie verwendet werden, als historisch eingestuft werden und die zur nichtgewerblichen Güter- oder Personenbeförderung verwendet werden.

Artikel 4

Im Sinne dieser Verordnung bezeichnet der Ausdruck

a) „Beförderung im Straßenverkehr" jede ganz oder teilweise auf einer öffentlichen Straße durchgeführte Fahrt eines zur Personen- oder Güterbeförderung verwendeten leeren oder beladenen Fahrzeugs;

b) „Fahrzeug" ein Kraftfahrzeug, eine Zugmaschine, einen Anhänger oder Sattelanhänger oder eine Kombination dieser Fahrzeuge gemäß den nachstehenden Definitionen:

- „Kraftfahrzeug": jedes auf der Straße verkehrende Fahrzeug mit Eigenantrieb, das normalerweise zur Personen- oder Güterbeförderung verwendet wird, mit Ausnahme von dauerhaft auf Schiene verkehrenden Fahrzeugen;

- „Zugmaschine": jedes auf der Straße verkehrende Fahrzeug mit Eigenantrieb, das speziell dafür ausgelegt ist, Anhänger, Sattelanhänger, Geräte oder Maschinen zu ziehen, zu schieben oder zu bewegen, mit Ausnahme von dauerhaft auf Schienen verkehrenden Fahrzeugen;

- „Anhänger": jedes Fahrzeug, das dazu bestimmt ist, an ein Kraftfahrzeug oder eine Zugmaschine angehängt zu werden;

- „Sattelanhänger": ein Anhänger ohne Vorderachse, der so angehängt wird, dass ein beträchtlicher Teil seines Eigengewichts und des Gewichts seiner Ladung von der Zugmaschine oder vom Kraftfahrzeug getragen wird;

c) „Fahrer" jede Person, die das Fahrzeug, sei es auch nur kurze Zeit, selbst lenkt oder sich in einem Fahrzeug befindet, um es – als Bestandteil seiner Pflichten – gegebenenfalls lenken zu können;

d) „Fahrtunterbrechung" jeden Zeitraum, in dem der Fahrer keine Fahrtätigkeit ausüben und keine anderen Arbeiten ausführen darf und der ausschließlich zur Erholung genutzt wird;

Anhang

e) „andere Arbeiten" alle in Artikel 3 Buchstabe a der Richtlinie 2002/15/EG als „Arbeitszeit" definierten Tätigkeiten mit Ausnahme der Fahrtätigkeit sowie jegliche Arbeit für denselben oder einen anderen Arbeitgeber, sei es inner- oder außerhalb des Verkehrssektors;

f) „Ruhepause" jeden ununterbrochenen Zeitraum, in dem ein Fahrer frei über seine Zeit verfügen kann;

g) „tägliche Ruhezeit" den täglichen Zeitraum, in dem ein Fahrer frei über seine Zeit verfügen kann und der eine „regelmäßige tägliche Ruhezeit" und eine „reduzierte tägliche Ruhezeit" umfasst;

- „regelmäßige tägliche Ruhezeit" eine Ruhepause von mindestens 11 Stunden. Diese regelmäßige tägliche Ruhezeit kann auch in zwei Teilen genommen werden, wobei der erste Teil einen ununterbrochenen Zeitraum von mindestens 3 Stunden und der zweite Teil einen ununterbrochenen Zeitraum von mindestens 9 Stunden umfassen muss;

- „reduzierte tägliche Ruhezeit" eine Ruhepause von mindestens 9 Stunden, aber weniger als 11 Stunden;

h) „wöchentliche Ruhezeit" den wöchentlichen Zeitraum, in dem ein Fahrer frei über seine Zeit verfügen kann und der eine „regelmäßige wöchentliche Ruhezeit" und eine „reduzierte wöchentliche Ruhezeit" umfasst;

- „regelmäßige wöchentliche Ruhezeit" eine Ruhepause von mindestens 45 Stunden;

- „reduzierte wöchentliche Ruhezeit" eine Ruhepause von weniger als 45 Stunden, die vorbehaltlich der Bedingungen des Artikels 8 Absatz 6 auf eine Mindestzeit von 24 aufeinander folgenden Stunden reduziert werden kann;

i) „Woche" den Zeitraum zwischen Montag 00.00 Uhr und Sonntag 24.00 Uhr;

j) „Lenkzeit" die Dauer der Lenktätigkeit, aufgezeichnet entweder:

- vollautomatisch oder halbautomatisch durch Kontrollgeräte im Sinne der Anhänge I und I B der Verordnung (EWG) Nr. 3821/85, oder

- von Hand gemäß den Anforderungen des Artikels 16 Absatz 2 der Verordnung (EWG) Nr. 3821/85;

VO (EG) Nr. 561/2006

k) „tägliche Lenkzeit" die summierte Gesamtlenkzeit zwischen dem Ende einer täglichen Ruhezeit und dem Beginn der darauf folgenden täglichen Ruhezeit oder zwischen einer täglichen und einer wöchentlichen Ruhezeit;

l) „wöchentliche Lenkzeit" die summierte Gesamtlenkzeit innerhalb einer Woche;

m) „zulässige Höchstmasse" die höchstzulässige Masse eines fahrbereiten Fahrzeugs einschließlich Nutzlast;

n) „Personenlinienverkehr" inländische und grenzüberschreitende Verkehrsdienste im Sinne des Artikels 2 der Verordnung (EWG) Nr. 684/92 des Rates vom 16. März 1992 zur Einführung gemeinsamer Regeln für den grenzüberschreitenden Personenverkehr mit Kraftomnibussen;

o) „Mehrfahrerbetrieb" den Fall, in dem während der Lenkdauer zwischen zwei aufeinander folgenden täglichen Ruhezeiten oder zwischen einer täglichen und einer wöchentlichen Ruhezeit mindestens zwei Fahrer auf dem Fahrzeug zum Lenken eingesetzt sind. Während der ersten Stunde des Mehrfahrerbetriebs ist die Anwesenheit eines anderen Fahrers oder anderer Fahrer fakultativ, während der restlichen Zeit jedoch obligatorisch;

p) „Verkehrsunternehmen" jede natürliche oder juristische Person und jede Vereinigung oder Gruppe von Personen ohne Rechtspersönlichkeit mit oder ohne Erwerbszweck sowie jede eigene Rechtspersönlichkeit besitzende oder einer Behörde mit Rechtspersönlichkeit unterstehende offizielle Stelle, die Beförderungen im Straßenverkehr gewerblich oder im Werkverkehr vornimmt;

q) „Lenkdauer" die Gesamtlenkzeit zwischen dem Zeitpunkt, zu dem ein Fahrer nach einer Ruhezeit oder einer Fahrtunterbrechung beginnt, ein Fahrzeug zu lenken, und dem Zeitpunkt, zu dem er eine Ruhezeit oder Fahrtunterbrechung einlegt. Die Lenkdauer kann ununterbrochen oder unterbrochen sein.

r) „nichtgewerbliche Beförderung" jede Beförderung im Straßenverkehr, außer Beförderungen auf eigene oder fremde Rechnung die weder direkt noch indirekt entlohnt wird und durch die weder direkt noch indirekt ein Einkommen für den Fahrer des Fahrzeugs oder für Dritte erzielt wird und die nicht im Zusammenhang mit einer beruflichen oder gewerblichen Tätigkeit steht.

KAPITEL II
FAHRPERSONAL, LENKZEITEN, FAHRTUNTERBRECHUNGEN UND RUHEZEITEN

Artikel 5

(1) Das Mindestalter für Schaffner beträgt 18 Jahre.

(2) Das Mindestalter für Beifahrer beträgt 18 Jahre. Die Mitgliedstaaten können jedoch das Mindestalter für Beifahrer unter folgenden Bedingungen auf 16 Jahre herabsetzen:

a) Die Beförderung im Straßenverkehr erfolgt innerhalb eines Mitgliedstaats in einem Umkreis von 50 km vom Standort des Fahrzeugs, einschließlich des Verwaltungsgebiets von Gemeinden, deren Zentrum innerhalb dieses Umkreises liegt,

b) die Herabsetzung erfolgt zum Zwecke der Berufsausbildung und

c) die von den arbeitsrechtlichen Bestimmungen des jeweiligen Mitgliedstaates vorgegebenen Grenzen werden eingehalten.

Artikel 6

(1) Die tägliche Lenkzeit darf 9 Stunden nicht überschreiten. Die tägliche Lenkzeit darf jedoch höchstens zweimal in der Woche auf höchstens 10 Stunden verlängert werden.

(2) Die wöchentliche Lenkzeit darf 56 Stunden nicht überschreiten und nicht dazu führen, dass die in der Richtlinie 2002/15/EG festgelegte wöchentliche Höchstarbeitszeit überschritten wird.

(3) Die summierte Gesamtlenkzeit während zweier aufeinander folgender Wochen darf 90 Stunden nicht überschreiten.

(4) Die tägliche und die wöchentliche Lenkzeit umfassen alle Lenkzeiten im Gebiet der Gemeinschaft oder im Hoheitsgebiet von Drittstaaten.

(5) Der Fahrer muss die Zeiten im Sinne des Artikels 4 Buchstabe e sowie alle Lenkzeiten in einem Fahrzeug, das für gewerbliche Zwecke außerhalb des Anwendungsbereichs der vorliegenden Verordnung verwendet wird, als andere Arbeiten festhalten; ferner muss er gemäß Artikel 34 Absatz 5 Buchstabe b Ziffer iii der Verordnung (EU) Nr. 165/2014 die Bereitschaftszeiten im Sinne des Artikels 3 Buchstabe b

VO (EG) Nr. 561/2006

der Richtlinie 2002/15/EG des Europäischen Parlaments und des Rates[*] festhalten. Diese Zeiten sind entweder handschriftlich auf einem Schaublatt oder einem Ausdruck einzutragen oder manuell in den Fahrtenschreiber einzugeben.

Artikel 7

Nach einer Lenkdauer von viereinhalb Stunden hat ein Fahrer eine ununterbrochene Fahrtunterbrechung von wenigstens 45 Minuten einzulegen, sofern er keine Ruhezeit einlegt. Diese Unterbrechung kann durch eine Unterbrechung von mindestens 15 Minuten, gefolgt von einer Unterbrechung von mindestens 30 Minuten, ersetzt werden, die in die Lenkzeit so einzufügen sind, dass die Bestimmungen des Absatzes 1 eingehalten werden.

Ein im Mehrfahrerbetrieb eingesetzter Fahrer kann eine Fahrtunterbrechung von 45 Minuten in einem Fahrzeug einlegen, das von einem anderen Fahrer gelenkt wird, sofern der Fahrer, der die Fahrtunterbrechung einlegt, den das Fahrzeug lenkenden Fahrer dabei nicht unterstützt.

Artikel 8

(1) Der Fahrer muss tägliche und wöchentliche Ruhezeiten einhalten.

(2) Innerhalb von 24 Stunden nach dem Ende der vorangegangenen täglichen oder wöchentlichen Ruhezeit muss der Fahrer eine neue tägliche Ruhezeit genommen haben. Beträgt der Teil der täglichen Ruhezeit, die in den 24-Stunden-Zeitraum fällt, mindestens 9 Stunden, jedoch weniger als 11 Stunden, so ist die fragliche tägliche Ruhezeit als reduzierte tägliche Ruhezeit anzusehen.

(3) Eine tägliche Ruhezeit kann verlängert werden, so dass sich eine regelmäßige wöchentliche Ruhezeit oder eine reduzierte wöchentliche Ruhezeit ergibt.

(4) Der Fahrer darf zwischen zwei wöchentlichen Ruhezeiten höchstens drei reduzierte tägliche Ruhezeiten einlegen.

---

[*] Verordnung (EU) Nr. 165/2014 des Europäischen Parlaments und des Rates vom 4. Februar 2014 über Fahrtenschreiber im Straßenverkehr, zur Aufhebung der Verordnung (EWG) Nr. 3821/85 des Rates über das Kontrollgerät im Straßenverkehr und zur Änderung der Verordnung (EG) Nr. 561/2006 des Europäischen Parlaments und des Rates zur Harmonisierung bestimmter Sozialvorschriften im Straßenverkehr (ABl. L 60 vom 28.2.2014, S. 1).

Anhang

(5) Abweichend von Absatz 2 muss ein im Mehrfahrerbetrieb eingesetzter Fahrer innerhalb von 30 Stunden nach dem Ende einer täglichen oder wöchentlichen Ruhezeit eine neue tägliche Ruhezeit von mindestens 9 Stunden genommen haben.

(6) In zwei jeweils aufeinander folgenden Wochen hat der Fahrer mindestens folgende Ruhezeiten einzuhalten:

a) zwei regelmäßige wöchentliche Ruhezeiten oder

b) eine regelmäßige wöchentliche Ruhezeit und eine reduzierte wöchentliche Ruhezeit von mindestens 24 Stunden.

Eine wöchentliche Ruhezeit beginnt spätestens am Ende von sechs 24-Stunden-Zeiträumen nach dem Ende der vorangegangenen wöchentlichen Ruhezeit.

Abweichend von Unterabsatz 1 kann ein im grenzüberschreitenden Güterverkehr tätiger Fahrer außerhalb des Mitgliedstaats der Niederlassung zwei aufeinanderfolgende reduzierte wöchentliche Ruhezeiten einlegen, sofern der Fahrer in vier jeweils aufeinanderfolgenden Wochen mindesten vier wöchentliche Ruhezeiten einlegt, von denen mindestens zwei regelmäßige wöchentliche Ruhezeiten sein müssen.

Für die Zwecke dieses Absatzes gilt ein Fahrer als im grenzüberschreitenden Verkehr tätig, wenn der Fahrer die zwei aufeinanderfolgenden reduzierten wöchentlichen Ruhezeiten außerhalb des Mitgliedstaats der Niederlassung des Arbeitgebers und des Landes des Wohnsitzes des Fahrers beginnt.

(6a) Abweichend von Absatz 6 darf ein Fahrer, der für einen einzelnen Gelegenheitsdienst im grenzüberschreitenden Personenverkehr im Sinne der Verordnung (EG) Nr. 1073/2009 des Europäischen Parlaments und des Rates vom 21. Oktober 2009 über gemeinsame Regeln für den Zugang zum Markt des grenzüberschreitenden Personenkraftverkehrs eingesetzt wird, die wöchentliche Ruhezeit auf bis zu 12 aufeinander folgende 24-Stunden-Zeiträume nach einer vorhergehenden regelmäßigen wöchentlichen Ruhezeit unter folgenden Voraussetzungen verschieben:

a) der Dienst dauert mindestens 24 aufeinander folgende Stunden in einem anderen Mitgliedstaat oder unter diese Verordnung fallenden Drittstaat als demjenigen, in dem jeweils der Dienst begonnen wurde;

b) nach der Inanspruchnahme der Ausnahmeregelung nimmt der Fahrer

VO (EG) Nr. 561/2006

    i. entweder zwei regelmäßige wöchentliche Ruhezeiten oder

    ii. eine regelmäßige wöchentliche Ruhezeit und eine reduzierte wöchentliche Ruhezeit von mindestens 24 Stunden. Dabei wird jedoch die Reduzierung durch eine gleichwertige Ruhepause ausgeglichen, die ohne Unterbrechung vor dem Ende der dritten Woche nach dem Ende des Ausnahmezeitraums genommen werden muss;

c) ab dem 1. Januar 2014 ist das Fahrzeug mit einem Kontrollgerät entsprechend den Anforderungen des Anhangs IB der Verordnung (EWG) Nr. 3821/85 ausgestattet und

d) ab dem 1. Januar 2014, sofern das Fahrzeug bei Fahrten während des Zeitraums von 22.00 Uhr bis 6.00 Uhr mit mehreren Fahrern besetzt ist oder die Lenkdauer nach Artikel 7 auf drei Stunden vermindert wird.

Die Kommission überwacht die Inanspruchnahme dieser Ausnahmeregelung genau, um die Aufrechterhaltung der Sicherheit im Straßenverkehr unter sehr strengen Voraussetzungen sicherzustellen, insbesondere indem sie darauf achtet, dass die summierte Gesamtlenkzeit während des unter die Ausnahmeregelung fallenden Zeitraums nicht zu lang ist. Bis zum 4. Dezember 2012 erstellt die Kommission einen Bericht, in dem sie die Folgen der Ausnahmeregelung in Bezug auf die Sicherheit im Straßenverkehr sowie soziale Aspekte bewertet. Wenn sie es für sinnvoll erachtet, schlägt die Kommission diesbezügliche Änderungen der vorliegenden Verordnung vor.

(6b) Jede Reduzierung der wöchentlichen Ruhezeit ist durch eine gleichwertige Ruhepause auszugleichen, die ohne Unterbrechung vor dem Ende der dritten Woche nach der betreffenden Woche zu nehmen ist.

Wurden zwei reduzierte wöchentliche Ruhezeiten gemäß Absatz 6 Unterabsatz 3 nacheinander eingelegt, ist die nächste Ruhezeit – als Ausgleich für diese zwei reduzierten wöchentlichen Ruhezeiten – vor der darauffolgenden wöchentlichen Ruhezeit einzulegen.

(7) Jede Ruhepause, die als Ausgleich für eine reduzierte wöchentliche Ruhezeit eingelegt wird, ist an eine andere Ruhezeit von mindestens 9 Stunden anzuhängen.

(8) Die regelmäßigen wöchentlichen Ruhezeiten und jede wöchentliche Ruhezeit von mehr als 45 Stunden, die als Ausgleich für die vorherige verkürzte wöchentliche Ruhezeit eingelegt wird, dürfen nicht in einem

Anhang

Fahrzeug verbracht werden. Sie sind in einer geeigneten geschlechtergerechten Unterkunft mit angemessenen Schlafgelegenheiten und sanitären Einrichtungen zu verbringen.

Alle Kosten für die Unterbringung außerhalb des Fahrzeugs werden vom Arbeitgeber getragen.

(8a) Verkehrsunternehmen planen die Arbeit der Fahrer so, dass jeder Fahrer in der Lage ist, innerhalb jedes Zeitraums von vier aufeinanderfolgenden Wochen zu der im Mitgliedstaat der Niederlassung des Arbeitgebers gelegenen Betriebsstätte des Arbeitgebers, der der Fahrer normalerweise zugeordnet ist und an der er seine wöchentliche Ruhezeit beginnt, oder zu seinem Wohnsitz zurückzukehren, um dort mindestens eine regelmäßige wöchentliche Ruhezeit oder eine wöchentliche Ruhezeit von mehr als 45 Stunden als Ausgleich für eine reduzierte wöchentliche Ruhezeit zu verbringen.

Hat der Fahrer jedoch zwei aufeinanderfolgende reduzierte wöchentliche Ruhezeiten gemäß Absatz 6 eingelegt, muss das Verkehrsunternehmen die Arbeit des Fahrers so planen, dass dieser in der Lage ist, bereits vor Beginn der regelmäßigen wöchentlichen Ruhezeit von mehr als 45 Stunden, die als Ausgleich eingelegt wird, zurückzukehren.

Das Unternehmen dokumentiert, wie es diese Verpflichtung erfüllt, und es bewahrt die betreffenden Unterlagen in seinen Geschäftsräumen auf, damit sie auf Verlangen der Kontrollbehörden vorgelegt werden können.

(9) Eine wöchentliche Ruhezeit, die in zwei Wochen fällt, kann für eine der beiden Wochen gezählt werden, nicht aber für beide.

(10) Die Kommission prüft spätestens am 21. August 2022, ob geeignetere Vorschriften für Fahrer erlassen werden können, die für Gelegenheitsdienste im Personenverkehr im Sinne von Artikel 2 Nummer 4 der Verordnung (EG) Nr. 1073/2009 eingesetzt werden, und teilt das Ergebnis dem Parlament und dem Rat mit.

Artikel 8a

(1) Die Kommission stellt sicher, dass Kraftfahrer im Straßengüter- und -personenverkehr leichten Zugang zu Informationen über sichere und gesicherte Parkflächen haben. Die Kommission veröffentlicht eine Liste aller zertifizierten Parkflächen, damit den Fahrern Folgendes in angemessener Form geboten wird:

– Erkennen und Verhindern von unberechtigtem Eindringen,

– Beleuchtung und Sichtverhältnisse,

VO (EG) Nr. 561/2006

- Kontaktstelle und Verfahren für Notfälle,
- geschlechtergerechte sanitäre Einrichtungen,
- Möglichkeiten zum Kauf von Lebensmitteln und Getränken,
- Kommunikationsverbindungen,
- Stromversorgung.

Die Liste dieser Parkflächen wird auf einer einheitlichen amtlichen Internetseite veröffentlicht und regelmäßig aktualisiert.

(2) Die Kommission erlässt delegierte Rechtsakte gemäß Artikel 23a, um Normen festzulegen, mit denen das Dienstleistungs- und Sicherheitsniveau der in Absatz 1 genannten Flächen und die Verfahren für die Zertifizierung von Parkflächen detaillierter vorgegeben werden.

(3) An allen zertifizierten Parkflächen kann darauf hingewiesen werden, dass sie gemäß den Normen und Verfahren der Union zertifiziert sind.

Gemäß Artikel 39 Absatz 2 Buchstabe c der Verordnung (EU) Nr. 1315/2013 des Europäischen Parlaments und des Rates[*] sind die Mitgliedstaaten gehalten, die Schaffung von Parkflächen für gewerbliche Straßennutzer zu fördern.

(4) Die Kommission legt dem Europäischen Parlament und dem Rat bis zum 31. Dezember 2024 einen Bericht über die Verfügbarkeit geeigneter Ruheeinrichtungen für Fahrer und über die Verfügbarkeit gesicherter Parkeinrichtungen sowie über den Ausbau sicherer und gesicherter Parkflächen, die gemäß den delegierten Rechtsakten zertifiziert sind, vor. Dieser Bericht kann eine Liste mit Maßnahmen zur Erhöhung der Zahl und der Qualität sicherer und gesicherter Parkflächen enthalten.

Artikel 9

(1) Legt ein Fahrer, der ein Fahrzeug begleitet, das auf einem Fährschiff oder mit der Eisenbahn befördert wird, eine regelmäßige tägliche Ruhezeit oder eine reduzierte wöchentliche Ruhezeit ein, so darf diese Ruhezeit abweichend von Artikel 8 nicht mehr als zwei Mal durch andere Tätigkeiten unterbrochen werden, deren Gesamtdauer eine Stunde nicht überschreiten darf. Während dieser regelmäßigen täglichen Ruhezeit

---

[*] Verordnung (EU) Nr. 1315/2013 des Europäischen Parlaments und des Rates vom 11. Dezember 2013 über Leitlinien der Union für den Aufbau eines transeuropäischen Verkehrsnetzes und zur Aufhebung des Beschlusses Nr. 661/2010/EU (ABl. L 348 vom 20.12.2013, S. 1).

Anhang

oder reduzierten wöchentlichen Ruhezeit muss dem Fahrer eine Schlafkabine, eine Schlafkoje oder ein Liegeplatz zur Verfügung stehen.

In Bezug auf regelmäßige wöchentliche Ruhezeiten gilt diese Ausnahme für Fähr- oder Zugreisen nur, wenn

a) die geplante Reisedauer 8 Stunden oder mehr beträgt und

b) der Fahrer Zugang zu einer Schlafkabine auf der Fähre oder im Zug hat.

(2) Die von einem Fahrer verbrachte Zeit, um zu einem in den Geltungsbereich dieser Verordnung fallenden Fahrzeug, das sich nicht am Wohnsitz des Fahrers oder der Betriebstätte des Arbeitgebers befindet, der der Fahrer normalerweise zugeordnet ist, anzureisen oder von diesem zurückzureisen, ist nur dann als Ruhepause oder Fahrtunterbrechung anzusehen, wenn sich der Fahrer in einem Zug oder auf einem Fährschiff befindet und Zugang zu einer Schlafkabine, einer Koje oder einem Liegewagen hat.

(3) Die von einem Fahrer verbrachte Zeit, um mit einem nicht in den Geltungsbereich dieser Richtlinie fallenden Fahrzeug zu einem in den Geltungsbereich dieser Verordnung fallenden Fahrzeug, das sich nicht am Wohnsitz des Fahrers oder der Betriebstätte des Arbeitgebers, dem der Fahrer normalerweise zugeordnet ist, befindet, anzureisen oder von diesem zurückzureisen, ist als andere Arbeiten anzusehen.

Artikel 9a

Die Kommission erstellt bis zum 31. Dezember 2025 einen Bericht über die Nutzung autonomer Fahrsysteme in den Mitgliedstaaten und legt ihn dem Europäischen Parlament und dem Rat vor. In dem Bericht geht sie insbesondere auf die möglichen Auswirkungen dieser Systeme auf die Vorschriften über Lenk- und Ruhezeiten ein. Diesem Bericht ist gegebenenfalls ein Gesetzgebungsvorschlag zur Änderung dieser Verordnung beizufügen.

KAPITEL III
HAFTUNG VON VERKEHRSUNTERNEHMEN

Artikel 10

(1) Verkehrsunternehmen dürfen beschäftigten oder ihnen zur Verfügung gestellten Fahrern keine Zahlungen in Abhängigkeit von der zurückgelegten Strecke, der Schnelligkeit der Auslieferung und/oder der Menge der beförderten Güter leisten, auch nicht in Form von Prämien oder Lohnzuschlägen, falls diese Zahlungen geeignet sind, die Sicher-

VO (EG) Nr. 561/2006

heit im Straßenverkehr zu gefährden, und/oder zu Verstößen gegen diese Verordnung verleiten.

(2) Das Verkehrsunternehmen organisiert die Arbeit der in Absatz 1 genannten Fahrer so, dass diese die Bestimmungen der Verordnung (EWG) Nr. 3821/85 sowie des Kapitels II der vorliegenden Verordnung einhalten können. Das Verkehrsunternehmen hat den Fahrer ordnungsgemäß anzuweisen und regelmäßig zu überprüfen, dass die Verordnung (EWG) Nr. 3821/85 und Kapitel II der vorliegenden Verordnung eingehalten werden.

(3) Das Verkehrsunternehmen haftet für Verstöße von Fahrern des Unternehmens, selbst wenn der Verstoß im Hoheitsgebiet eines anderen Mitgliedstaates oder eines Drittstaates begangen wurde. Unbeschadet des Rechts der Mitgliedstaaten, Verkehrsunternehmen uneingeschränkt haftbar zu machen, können die Mitgliedstaaten diese Haftung von einem Verstoß des Unternehmens gegen die Absätze 1 und 2 abhängig machen. Die Mitgliedstaaten können alle Beweise prüfen, die belegen, dass das Verkehrsunternehmen billigerweise nicht für den begangenen Verstoß haftbar gemacht werden kann.

(4) Unternehmen, Verlader, Spediteure, Reiseveranstalter, Hauptauftragnehmer, Unterauftragnehmer und Fahrervermittlungsagenturen stellen sicher, dass die vertraglich vereinbarten Beförderungszeitpläne nicht gegen diese Verordnung verstoßen.

(5) a) Ein Verkehrsunternehmen, das Fahrzeuge einsetzt, die unter die vorliegende Verordnung fallen und die mit einem Kontrollgerät ausgestattet sind, das dem Anhang I B der Verordnung (EWG) Nr. 3821/85 entspricht, stellt Folgendes sicher:

   i. alle Daten werden von dem Bordgerät und der Fahrerkarte so regelmäßig herunter geladen, wie es der Mitgliedstaat vorschreibt; diese relevanten Daten werden in kürzeren Abständen herunter geladen, damit sichergestellt ist, dass alle von dem Unternehmen oder für das Unternehmen durchgeführten Tätigkeiten herunter geladen werden;

   ii. alle sowohl vom Bordgerät als auch von der Fahrerkarte herunter geladenen Daten werden nach ihrer Aufzeichnung mindestens zwölf Monate lang aufbewahrt und müssen für einen Kontrollbeamten auf Verlangen entweder direkt oder zur Fernabfrage von den Geschäftsräumen des Unternehmens zugänglich sein.

b) Im Sinne dieses Absatzes wird der Ausdruck „herunter geladen" entsprechend der Begriffsbestimmung in Anhang I B Kapitel I Buchstabe s der Verordnung (EWG) Nr. 3821/85 ausgelegt.

c) Die Kommission entscheidet nach dem in Artikel 24 Absatz 2 genannten Verfahren über den Höchstzeitraum für das Herunterladen der relevanten Daten gemäß Buchstabe a) Ziffer i.

KAPITEL IV
AUSNAHMEN

Artikel 11

Ein Mitgliedstaat kann für Beförderungen im Straßenverkehr, die vollständig in seinem Hoheitsgebiet durchgeführt werden, längere Mindestfahrtunterbrechungen und Ruhezeiten oder kürzere Höchstlenkzeiten als nach den Artikeln 6 bis 9 festlegen. In einem solchen Fall muss der Mitgliedstaat die relevanten kollektiven oder anderen Vereinbarungen zwischen den Sozialpartnern berücksichtigen. Für Fahrer im grenzüberschreitenden Verkehr gilt jedoch weiterhin diese Verordnung.

Artikel 12

Sofern die Sicherheit im Straßenverkehr nicht gefährdet wird, kann der Fahrer von den Artikeln 6 bis 9 abweichen, um einen geeigneten Halteplatz zu erreichen, soweit dies erforderlich ist, um die Sicherheit von Personen, des Fahrzeugs oder seiner Ladung zu gewährleisten. Der Fahrer hat Art und Grund dieser Abweichung spätestens bei Erreichen des geeigneten Halteplatzes handschriftlich auf dem Schaublatt des Kontrollgeräts oder einem Ausdruck aus dem Kontrollgerät oder im Arbeitszeitplan zu vermerken.

Sofern die Sicherheit im Straßenverkehr nicht gefährdet wird, kann der Fahrer unter außergewöhnlichen Umständen auch von Artikel 6 Absätze 1 und 2 und von Artikel 8 Absatz 2 abweichen, indem er die tägliche und die wöchentliche Lenkzeit um bis zu eine Stunde überschreitet, um die Betriebsstätte des Arbeitgebers oder den Wohnsitz des Fahrers zu erreichen, um eine wöchentliche Ruhezeit einzulegen.

Unter den gleichen Bedingungen kann der Fahrer die tägliche und die wöchentliche Lenkzeit um bis zu zwei Stunden überschreiten, sofern eine ununterbrochene Fahrtunterbrechung von 30 Minuten eingelegt wurde, die der zusätzlichen Lenkzeit zur Erreichung der Betriebsstätte des Arbeitgebers oder des Wohnsitzes des Fahrers, um dort eine regelmäßige wöchentliche Ruhezeit einzulegen, unmittelbar vorausgeht.

VO (EG) Nr. 561/2006

Der Fahrer hat Art und Grund dieser Abweichung spätestens bei Erreichen des Bestimmungsorts oder des geeigneten Halteplatzes handschriftlich auf dem Schaublatt des Kontrollgeräts, einem Ausdruck aus dem Kontrollgerät oder im Arbeitszeitplan zu vermerken.

Jede Lenkzeitverlängerung wird durch eine gleichwertige Ruhepause ausgeglichen, die zusammen mit einer beliebigen Ruhezeit ohne Unterbrechung bis zum Ende der dritten Woche nach der betreffenden Woche genommen werden muss.

Artikel 13

(1) Sofern die Verwirklichung der in Artikel 1 genannten Ziele nicht beeinträchtigt wird, kann jeder Mitgliedstaat für sein Hoheitsgebiet oder mit Zustimmung der betreffenden Mitgliedstaaten für das Hoheitsgebiet eines anderen Mitgliedstaats Abweichungen von den Artikeln 5 bis 9 zulassen und solche Abweichungen für die Beförderung mit folgenden Fahrzeugen an individuelle Bedingungen knüpfen:

a) Fahrzeuge, die Eigentum von Behörden sind oder von diesen ohne Fahrer angemietet sind, um Beförderungen im Straßenverkehr durchzuführen, die nicht im Wettbewerb mit privatwirtschaftlichen Verkehrsunternehmen stehen;

b) Fahrzeuge, die von Landwirtschafts-, Gartenbau-, Forstwirtschafts- oder Fischereiunternehmen zur Güterbeförderung im Rahmen ihrer eigenen unternehmerischen Tätigkeit in einem Umkreis von bis zu 100 km vom Standort des Unternehmens benutzt oder ohne Fahrer angemietet werden;

c) land- und forstwirtschaftliche Zugmaschinen, die für land- oder forstwirtschaftliche Tätigkeiten eingesetzt werden, und zwar in einem Umkreis von bis zu 100 km vom Standort des Unternehmens, das das Fahrzeug besitzt, anmietet oder least;

d) Fahrzeuge oder Fahrzeugkombinationen mit einer zulässigen Höchstmasse von nicht mehr als 7,5 t, die von Universaldienstanbietern im Sinne des Artikels 2 Absatz 13 der Richtlinie 97/67/EG des Europäischen Parlaments und des Rates vom 15. Dezember 1997 über gemeinsame Vorschriften für die Entwicklung des Binnenmarktes der Postdienste der Gemeinschaft und die Verbesserung der Dienstequalität[1] zum Zweck der Zustellung von Sendungen im Rahmen des Universaldienstes benutzt werden;

---

[1] ABl. L 15 vom 21.1.1998, S. 14.

Anhang

Diese Fahrzeuge dürfen nur in einem Umkreis von 100 km vom Standort des Unternehmens und unter der Bedingung benutzt werden, dass das Lenken des Fahrzeugs für den Fahrer nicht die Haupttätigkeit darstellt;

e) Fahrzeuge, die ausschließlich auf Inseln oder vom Rest des Hoheitsgebiets isolierten Binnengebieten mit einer Fläche von nicht mehr als 2 300 km^2 verkehren, die mit den übrigen Teilen des Hoheitsgebiets nicht durch eine Brücke, eine Furt oder einen Tunnel, die von Kraftfahrzeugen benutzt werden können, verbunden sind und auch nicht an einen anderen Mitgliedstaat angrenzen;

f) Fahrzeuge, die im Umkreis von 100 km vom Standort des Unternehmens zur Güterbeförderung mit Druckerdgas-, Flüssiggas- oder Elektroantrieb benutzt werden und deren zulässige Höchstmasse einschließlich Anhänger oder Sattelanhänger 7,5 t nicht übersteigt;

g) Fahrzeuge, die zum Fahrschulunterricht und zur Fahrprüfung zwecks Erlangung des Führerscheins oder eines beruflichen Befähigungsnachweises dienen, sofern diese Fahrzeuge nicht für die gewerbliche Personen- oder Güterbeförderung benutzt werden;

h) Fahrzeuge, die in Verbindung mit Kanalisation, Hochwasserschutz, Wasser-, Gas- und Elektrizitätsversorgung, Straßenunterhaltung und -kontrolle, Hausmüllabfuhr, Telegramm- und Telefondienstleistungen, Rundfunk und Fernsehen sowie zur Erfassung von Radio- bzw. Fernsehsendern oder -geräten eingesetzt werden;

i) Fahrzeuge mit 10 bis 17 Sitzen, die ausschließlich zur nichtgewerblichen Personenbeförderung verwendet werden;

j) Spezialfahrzeuge, die Ausrüstungen des Zirkus- oder Schaustellergewerbes transportieren;

k) speziell ausgerüstete Projektfahrzeuge für mobile Projekte, die hauptsächlich im Stand zu Lehrzwecken dienen;

l) Fahrzeuge, die zum Abholen von Milch bei landwirtschaftlichen Betrieben und/oder zur Rückgabe von Milchbehältern oder von Milcherzeugnissen für Futterzwecke an diese Betriebe verwendet werden;

m) Spezialfahrzeuge für Geld- und/oder Werttransporte;

n) Fahrzeuge, die zur Beförderung von tierischen Abfällen oder von nicht für den menschlichen Verzehr bestimmten Tierkörpern verwendet werden;

VO (EG) Nr. 561/2006

o) Fahrzeuge, die ausschließlich auf Straßen in Güterverteilzentren wie Häfen, Umschlaganlagen des Kombinierten Verkehrs und Eisenbahnterminals benutzt werden;

p) Fahrzeuge, die innerhalb eines Umkreises von bis zu 100 km für die Beförderung lebender Tiere von den landwirtschaftlichen Betrieben zu den lokalen Märkten und umgekehrt oder von den Märkten zu den lokalen Schlachthäusern verwendet werden;

q) Fahrzeuge oder Fahrzeugkombinationen zur Beförderung von Baumaschinen für ein Bauunternehmen, die in einem Umkreis von höchstens 100 km vom Standort des Unternehmens benutzt werden, vorausgesetzt dass das Lenken der Fahrzeuge für den Fahrer nicht die Haupttätigkeit darstellt;

r) Fahrzeuge, die für die Lieferung von Transportbeton verwendet werden.

(2) Die Mitgliedstaaten teilen der Kommission die Ausnahmen mit, die sie nach Absatz 1 gewähren, und die Kommission unterrichtet die übrigen Mitgliedstaaten hiervon.

(3) Sofern die Verwirklichung der in Artikel 1 genannten Ziele nicht beeinträchtigt wird und ein angemessener Schutz der Fahrer sichergestellt ist, kann ein Mitgliedstaat mit Genehmigung der Kommission in seinem Hoheitsgebiet in geringem Umfang Ausnahmen von dieser Verordnung für Fahrzeuge, die in zuvor festgelegten Gebieten mit einer Bevölkerungsdichte von weniger als 5 Personen pro Quadratkilometer eingesetzt werden, in folgenden Fällen zulassen:

– Bei inländischen Personenlinienverkehrsdiensten, sofern ihr Fahrplan von den Behörden bestätigt wurde (in diesem Fall dürfen nur Ausnahmen in Bezug auf Fahrtunterbrechungen zugelassen werden) und

– im inländischen Werkverkehr oder gewerblich durchgeführten Güterkraftverkehr, soweit sich diese Tätigkeiten nicht auf den Binnenmarkt auswirken und für den Erhalt bestimmter Wirtschaftszweige in dem betroffenen Gebiet notwendig sind und die Ausnahmebestimmungen dieser Verordnung einen Umkreis von höchstens 100 km vorschreiben.

Eine Beförderung im Straßenverkehr nach dieser Ausnahme kann eine Fahrt zu einem Gebiet mit einer Bevölkerungsdichte von 5 Personen pro Quadratmeter oder mehr nur einschließen, wenn damit eine Fahrt beendet oder begonnen wird. Solche Maßnahmen müssen ihrer Art und ihrem Umfang nach verhältnismäßig sein.

Anhang

Artikel 14

(1) Sofern die Verwirklichung der in Artikel 1 genannten Ziele nicht beeinträchtigt wird, können die Mitgliedstaaten nach Genehmigung durch die Kommission Ausnahmen von den Artikeln 6 bis 9 für unter außergewöhnlichen Umständen durchgeführte Beförderungen zulassen.

(2) Die Mitgliedstaaten können in dringenden Fällen, die mit außergewöhnlichen Umständen einhergehen, eine vorübergehende Ausnahme für einen Zeitraum von höchstens 30 Tagen zulassen, die hinreichend zu begründen und der Kommission sofort mitzuteilen ist. Die Kommission veröffentlicht diese Informationen unverzüglich auf einer öffentlichen Internetseite.

(3) Die Kommission teilt den übrigen Mitgliedstaaten alle nach diesem Artikel gewährten Ausnahmen mit.

Artikel 15

Die Mitgliedstaaten stellen sicher, dass Fahrer der in Artikel 3 Buchstabe a genannten Fahrzeuge unter nationale Vorschriften fallen, die einen angemessenen Schutz bei den erlaubten Lenkzeiten sowie den vorgeschriebenen Fahrtunterbrechungen und Ruhezeiten bieten. Die Mitgliedstaaten teilen der Kommission die für diese Fahrer geltenden einschlägigen nationalen Vorschriften mit.

KAPITEL V
ÜBERWACHUNG UND SANKTIONEN

Artikel 16

(1) Verfügt ein Fahrzeug nicht über ein mit der Verordnung (EWG) Nr. 3821/85 übereinstimmendes Kontrollgerät, so gelten die Absätze 2 und 3 des vorliegenden Artikels für:

a) nationale Personenlinienverkehrsdienste und

b) grenzüberschreitende Personenlinienverkehrsdienste, deren Endpunkte in der Luftlinie höchstens 50 km von einer Grenze zwischen zwei Mitgliedstaaten entfernt sind und deren Fahrstrecke höchstens 100 km beträgt.

(2) Das Verkehrsunternehmen erstellt einen Fahrplan und einen Arbeitszeitplan, in dem für jeden Fahrer der Name, der Standort und der im Voraus festgelegte Zeitplan für die verschiedenen Zeiträume der Lenktätigkeit, der anderen Arbeiten und der Fahrtunterbrechungen sowie die Bereitschaftszeiten angegeben werden. Jeder Fahrer, der in einem

VO (EG) Nr. 561/2006

Dienst im Sinne des Absatzes 1 eingesetzt ist, muss einen Auszug aus dem Arbeitszeitplan und eine Ausfertigung des Linienfahrplans mit sich führen.

(3) Der Arbeitszeitplan muss

a)* alle in Absatz 2 aufgeführten Angaben mindestens für den Zeitraum der vorangegangenen 28 Tage enthalten; diese Angaben sind in regelmäßigen Abständen von höchstens einem Monat zu aktualisieren;

b) die Unterschrift des Leiters des Verkehrsunternehmens oder seines Beauftragten tragen;

c) vom Verkehrsunternehmen nach Ablauf des Geltungszeitraums ein Jahr lang aufbewahrt werden. Das Verkehrsunternehmen händigt den betreffen den Fahrern auf Verlangen einen Auszug aus dem Arbeitszeitplan aus und

d) auf Verlangen einem dazu befugten Kontrollbeamten vorgelegt und ausgehändigt werden.

Artikel 17

(1) Die Mitgliedstaaten übermitteln der Kommission unter Verwendung des in der Entscheidung 93/173/EWG vorgesehenen Berichtsmusters die notwendigen Informationen, damit diese alle zwei Jahre einen Bericht über die Durchführung der vorliegenden Verordnung und der Verordnung (EWG) Nr. 3821/85 und über die Entwicklungen auf dem betreffenden Gebiet erstellen kann.

(2) Diese Angaben müssen bei der Kommission spätestens am 30. September des Jahres nach Ende des betreffenden Zweijahreszeitraums mitgeteilt werden.

(3) In dem Bericht wird zugleich angegeben, inwieweit von den Ausnahmeregelungen gemäß Artikel 13 Gebrauch gemacht wird.

(4) Die Kommission leitet den Bericht innerhalb von 13 Monaten nach Ende des betreffenden Zweijahreszeitraums dem Europäischen Parlament und dem Rat zu.

---

*<u>Artikel 16 Absatz 3 Buchstabe a</u>
Ab 31. Dezember 2024 gültige Fassung:
a) alle in Absatz 2 aufgeführten Angaben mindestens für den Zeitraum des Tages der Kontrolle und der vorausgehenden 56 Tage enthalten; diese Angaben sind in regelmäßigen Abständen von höchstens einem Monat zu aktualisieren;

Anhang

Artikel 18

Die Mitgliedstaaten ergreifen die zur Durchführung dieser Verordnung erforderlichen Maßnahmen.

Artikel 19

(1) Die Mitgliedstaaten erlassen Vorschriften über Sanktionen für Verstöße gegen die vorliegende Verordnung und die Verordnung (EU) Nr. 165/2014 und treffen alle erforderlichen Maßnahmen, um deren Anwendung zu gewährleisten. Diese Sanktionen müssen wirksam und verhältnismäßig zum Schweregrad der Verstöße gemäß Anhang III der Richtlinie 2006/22/EG des Europäischen Parlaments und des Rates[*], sowie abschreckend und nicht-diskriminierend sein. Kein Verstoß gegen die vorliegende Verordnung oder gegen die Verordnung (EU) Nr. 165/2014 darf mehrmals Gegenstand von Sanktionen oder Verfahren sein. Die Mitgliedstaaten teilen der Kommission diese Maßnahmen und Regeln sowie das Verfahren und die Kriterien, die auf einzelstaatlicher Ebene zur Bewertung der Verhältnismäßigkeit herangezogen wurden, mit. Die Mitgliedstaaten teilen etwaige spätere Änderungen daran, die Auswirkungen darauf haben, unverzüglich mit. Die Kommission informiert die Mitgliedstaaten über diese Regeln und Maßnahmen sowie über etwaige Änderungen. Die Kommission stellt sicher, dass diese Informationen in allen Amtssprachen der Union auf einer eigens hierfür eingerichteten öffentlichen Internetseite veröffentlicht werden, die detaillierte Informationen über die in den Mitgliedstaaten geltenden Sanktionen enthält.

(2) Ein Mitgliedstaat ermächtigt die zuständigen Behörden, gegen ein Unternehmen und/oder einen Fahrer bei einem in seinem Hoheitsgebiet festgestellten Verstoß gegen diese Verordnung eine Sanktion zu verhängen, sofern hierfür noch keine Sanktion verhängt wurde, und zwar selbst dann, wenn der Verstoß im Hoheitsgebiet eines anderen Mitgliedstaats oder eines Drittstaats begangen wurde.

Dabei gilt folgende Ausnahmeregelung: Wird ein Verstoß festgestellt,

– der nicht im Hoheitsgebiet des betreffenden Mitgliedstaats begangen wurde und

---

[*] *Richtlinie 2006/22/EG des Europäischen Parlaments und des Rates vom 15. März 2006 über Mindestbedingungen für die Durchführung der Verordnungen (EG) Nr. 561/2006 und (EU) Nr. 165/2014 und der Richtlinie 2002/15/EG über Sozialvorschriften für Tätigkeiten im Kraftverkehr sowie zur Aufhebung der Richtlinie 88/599/EWG des Rates (ABl. L 102 vom 11.4.2006, S. 35).*

- der von einem Unternehmen, das seinen Sitz in einem anderen Mitgliedstaat oder einem Drittstaat hat, oder von einem Fahrer, der seinen Arbeitsplatz in einem anderen Mitgliedstaat oder einem Drittstaat hat, begangen wurde,

so kann ein Mitgliedstaat bis zum 1. Januar 2009, anstatt eine Sanktion zu verhängen, der zuständigen Behörde des Mitgliedstaats oder des Drittstaats, in dem das Unternehmen seinen Sitz oder der Fahrer seinen Arbeitsplatz hat, den Verstoß melden.

(3) Leitet ein Mitgliedstaat in Bezug auf einen bestimmten Verstoß ein Verfahren ein oder verhängt er eine Sanktion, so muss er dem Fahrer gegenüber angemessene schriftliche Belege beibringen.

(4) Die Mitgliedstaaten stellen sicher, dass ein System verhältnismäßiger Sanktionen, die finanzielle Sanktionen umfassen können, für den Fall besteht, dass Unternehmen oder mit ihnen verbundene Verlader, Spediteure, Reiseveranstalter, Hauptauftragnehmer, Unterauftragnehmer und Fahrervermittlungsagenturen gegen die vorliegende Verordnung oder die Verordnung (EWG) Nr. 3821/85 verstoßen.

Artikel 20

(1) Der Fahrer muss alle von einem Mitgliedstaat zu Sanktionen oder zur Einleitung von Verfahren beigebrachten Belege so lange aufbewahren, bis derselbe Verstoß gegen diese Verordnung nicht mehr in ein zweites Verfahren oder eine zweite Sanktion gemäß dieser Verordnung münden kann.

(2) Der Fahrer hat die in Absatz 1 genannten Belege auf Verlangen vorzuweisen.

(3) Ein Fahrer, der bei mehreren Verkehrsunternehmen beschäftigt ist oder mehreren Verkehrsunternehmen zur Verfügung steht, verschafft jedem Unternehmen ausreichende Informationen, um diesem die Einhaltung der Bestimmungen des Kapitels II zu ermöglichen.

Artikel 21

In Fällen, in denen ein Mitgliedstaat der Auffassung ist, dass ein Verstoß gegen diese Verordnung vorliegt, der die Straßenverkehrssicherheit eindeutig gefährden könnte, ermächtigt er die betreffende zuständige Behörde, das betreffende Fahrzeug so lange stillzulegen, bis die Ursache des Verstoßes behoben ist. Die Mitgliedstaaten können dem Fahrer auferlegen, eine tägliche Ruhezeit einzulegen. Die Mitgliedstaaten können ferner gegebenenfalls die Zulassung eines Unternehmens entziehen, aussetzen oder einschränken, falls es seinen Sitz in diesem Mitgliedstaat hat, oder sie können die Fahrerlaubnis eines Fahrers entziehen, aussetzen oder einschränken. Die Kommission entwickelt nach dem in Artikel 24 Absatz 2 genannten Verfahren Leitlinien, um eine harmonisierte Anwendung dieses Artikels zu erreichen.

Artikel 22

(1) Die Mitgliedstaaten arbeiten eng miteinander zusammen und leisten einander ohne unangemessene Verzögerung Amtshilfe, um die einheitliche Anwendung dieser Verordnung und ihre wirksame Durchsetzung gemäß den Anforderungen des Artikels 8 der Richtlinie 2006/22/EG zu erleichtern.

(2) Die zuständigen Behörden der Mitgliedstaaten tauschen regelmäßig alle verfügbaren Informationen aus über

a) die von Gebietsfremden begangenen Verstöße gegen die Bestimmungen des Kapitels II und die gegen diese Verstöße verhängten Sanktionen;

b) die von einem Mitgliedstaat verhängten Sanktionen für Verstöße, die seine Gebietsansässigen in anderen Mitgliedstaaten begangen haben;

c) sonstige spezielle Informationen, darunter die Risikoeinstufung des Unternehmens, die sich auf die Einhaltung dieser Verordnung auswirken können.

(3) Die Mitgliedstaaten übermitteln der Kommission regelmäßig relevante Informationen über die nationale Auslegung und Anwendung dieser Verordnung; die Kommission stellt diese Informationen den anderen Mitgliedstaaten in elektronischer Form zur Verfügung.

(3a) Für die Zwecke des Informationsaustauschs im Rahmen dieser Verordnung nutzen die Mitgliedstaaten die gemäß Artikel 7 der Richtlinie 2006/22/EG benannten Stellen für die innergemeinschaftliche Verbindung.

(3b) Verwaltungszusammenarbeit und gegenseitige Amtshilfe erfolgen unentgeltlich.

(4) Die Kommission unterstützt durch den in Artikel 24 Absatz 1 genannten Ausschuss den Dialog zwischen den Mitgliedstaaten über die einzelstaatliche Auslegung und Anwendung dieser Verordnung.

Artikel 23

Die Gemeinschaft wird mit Drittländern die Verhandlungen aufnehmen, die zur Durchführung dieser Verordnung gegebenenfalls erforderlich sind.

Artikel 23a

(1) Die Befugnis zum Erlass delegierter Rechtsakte wird der Kommission unter den in diesem Artikel festgelegten Bedingungen übertragen.

(2) Die Befugnis zum Erlass delegierter Rechtsakte gemäß Artikel 8a wird der Kommission für einen Zeitraum von fünf Jahren ab dem 20. August 2020 übertragen.

Die Kommission erstellt spätestens neun Monate vor Ablauf des Zeitraums von fünf Jahren einen Bericht über die Befugnisübertragung. Die Befugnisübertragung verlängert sich stillschweigend um Zeiträume gleicher Länge, es sei denn, das Europäische Parlament oder der Rat widersprechen einer solchen Verlängerung spätestens drei Monate vor Ablauf des jeweiligen Zeitraums.

(3) Die Befugnisübertragung gemäß Artikel 8a kann vom Europäischen Parlament oder vom Rat jederzeit widerrufen werden. Der Beschluss über den Widerruf beendet die Übertragung der in diesem Beschluss angegebenen Befugnis. Er wird am Tag nach seiner Veröffentlichung im Amtsblatt der Europäischen Union oder zu einem im Beschluss über den Widerruf angegebenen späteren Zeitpunkt wirksam. Die Gültigkeit von delegierten Rechtsakten, die bereits in Kraft sind, wird von dem Beschluss über den Widerruf nicht berührt.

(4) Vor dem Erlass eines delegierten Rechtsakts konsultiert die Kommission die von den einzelnen Mitgliedstaaten benannten Sachverständigen im Einklang mit den in der Interinstitutionellen Vereinbarung vom 13. April 2016 über bessere Rechtsetzung[*] enthaltenen Grundsätzen.

(5) Sobald die Kommission einen delegierten Rechtsakt erlässt, übermittelt sie ihn gleichzeitig dem Europäischen Parlament und dem Rat.

(6) Ein delegierter Rechtsakt, der gemäß Artikel 8a erlassen wurde, tritt nur in Kraft, wenn weder das Europäische Parlament noch der Rat innerhalb einer Frist von zwei Monaten nach Übermittlung dieses Rechtsakts an das Europäische Parlament und den Rat Einwände erhoben haben oder wenn vor Ablauf dieser Frist sowohl das Europäische

---

[*] ABl. L 123 vom 12.5.2016, S. 1.

Anhang

Parlament als auch der Rat der Kommission mitgeteilt haben, dass sie keine Einwände erheben werden. Auf Initiative des Europäischen Parlaments oder des Rates wird diese Frist um zwei Monate verlängert.

Artikel 24

(1) Die Kommission wird von dem durch Artikel 18 Absatz 1 der Verordnung (EWG) Nr. 3821/85 eingesetzten Ausschuss unterstützt.

(2) Wird auf diesen Absatz Bezug genommen, so gilt Artikel 4 der Verordnung (EU) Nr. 182/2011 des Europäischen Parlaments und des Rates[*].

(2a) Wird auf diesen Absatz Bezug genommen, so gilt Artikel 5 der Verordnung (EU) Nr. 182/2011.

(3) Der Ausschuss gibt sich eine Geschäftsordnung.

Artikel 25

(1) Auf Antrag eines Mitgliedstaates oder von sich aus

a) prüft die Kommission die Fälle, in denen die Bestimmungen dieser Verordnung, insbesondere bezüglich der Lenkzeiten, Fahrtunterbrechungen und Ruhezeiten, unterschiedlich angewandt und durchgesetzt werden;

b) klärt die Kommission die Bestimmungen dieser Verordnung, um einen gemeinsamen Ansatz sicherzustellen.

(2) In den in Absatz 1 Buchstabe b genannten Fällen erlässt die Kommission Durchführungsrechtsakte zur Festlegung gemeinsamer Ansätze.

Diese Durchführungsrechtsakte werden nach dem in Artikel 24 Absatz 2a genannten Prüfverfahren erlassen.

---

[*] *Verordnung (EU) Nr. 182/2011 des Europäischen Parlaments und des Rates vom 16. Februar 2011 zur Festlegung der allgemeinen Regeln und Grundsätze, nach denen die Mitgliedstaaten die Wahrnehmung der Durchführungsbefugnisse durch die Kommission kontrollieren (ABl. L 55 vom 28.2.2011, S. 13).*

KAPITEL VI
SCHLUSSBESTIMMUNGEN
Artikel 26

...

Artikel 27

...

Artikel 28

Die Verordnung (EWG) Nr. 3820/85 wird aufgehoben und durch die vorliegende Verordnung ersetzt.

Artikel 5 Absätze 1, 2 und 4 der Verordnung (EWG) Nr. 3820/85 gelten jedoch bis zu den in Artikel 15 Absatz 1 der Richtlinie 2003/59/EG genannten Terminen.

Artikel 29

Diese Verordnung tritt am 11. April 2007 in Kraft, ausgenommen Artikel 10 Absatz 5, Artikel 26 Absätze 3 und 4 und Artikel 27, die am 1. Mai 2006 in Kraft treten.

Diese Verordnung ist in allen ihren Teilen verbindlich und gilt unmittelbar in jedem Mitgliedstaat.

Anhang

VO (EU) Nr. 165/2014
DES EUROPÄISCHEN PARLAMENTS UND DES RATES
vom 4. Februar 2014
über Fahrtenschreiber im Straßenverkehr, zur Aufhebung der Verordnung (EWG) Nr. 3821/85 des Rates über das Kontrollgerät im Straßenverkehr und zur Änderung der Verordnung (EG) Nr. 561/2006 des Europäischen Parlaments und des Rates zur Harmonisierung bestimmter Sozialvorschriften im Straßenverkehr

Berichtigt durch:
Berichtigung, ABl. L 93 vom 9.4.2015, S. 103 (165/2014)

Berichtigt durch:
Berichtigung, ABl. L 246 vom 23.9.2015, S. 11 (165/2014)

Geändert durch:
Artikel 2 der Verordnung (EU) 2020/1054 des Europäischen Parlaments und des Rates vom 15. Juli 2020

KAPITEL I
GRUNDSÄTZE, GELTUNGSBEREICH UND ANFORDERUNGEN

Artikel 1
Gegenstand und Grundsätze

(1) Diese Verordnung enthält die Pflichten zu und Vorschriften über Bauart, Einbau, Benutzung, Prüfung und Kontrolle von Fahrtenschreibern im Straßenverkehr, um die Einhaltung der Verordnung (EG) Nr. 561/2006, der Verordnungen (EG) Nr. 1071/2009[1], (EG) Nr. 1072/2009[2], (EG) Nr. 1073/2009[3] des Europäischen Parlaments und des Rates, der

---

[1] Verordnung (EG) Nr. 1071/2009 des Europäischen Parlaments und des Rates vom 21. Oktober 2009 zur Festlegung gemeinsamer Regeln für die Zulassung zum Beruf des Kraftverkehrsunternehmers und zur Aufhebung der Richtlinie 96/26/EG des Rates (ABl. L 300 vom 14.11.2009, S. 51).

[2] Verordnung (EG) Nr. 1072/2009 des Europäischen Parlaments und des Rates vom 21. Oktober 2009 über gemeinsame Regeln für den Zugang zum Markt des grenzüberschreitenden Güterkraftverkehrs (ABl. L 300 vom 14.11.2009, S. 72).

[3] Verordnung (EG) Nr. 1073/2009 des Europäischen Parlaments und des Rates vom 21. Oktober 2009 über gemeinsame Regeln für den Zugang zum grenzüberschreitenden Personenkraftverkehrsmarkt und zur Änderung der Verordnung (EG) Nr. 561/2006 (ABl. L 300 vom 14.11.2009, S. 88).

VO (EU) Nr. 165/2014

Richtlinie 2002/15/EG des Europäischen Parlaments und des Rates[1], der Richtlinien 92/6/EWG[2] und 92/106/EWG[3] des Rates und, was die Entsendung von Arbeitnehmern im Straßenverkehr betrifft, der Richtlinien 96/71/EG[4], 2014/67/EU[5] und (EU) 2020/1057[6] des Europäischen Parlaments und des Rates zu überprüfen.

Fahrtenschreiber müssen hinsichtlich Bauart, Einbau, Benutzung und Prüfung den Vorschriften dieser Verordnung entsprechen.

(2) Diese Verordnung enthält die Bedingungen und Vorschriften, nach denen die Informationen und nicht personenbezogenen Daten, die von den Fahrtenschreibern aufgezeichnet, verarbeitet oder gespeichert wurden, für andere Zwecke verwendet werden können als die Überprüfung der Einhaltung der in Absatz 1 genannten Rechtsakte.

Artikel 2
Begriffsbestimmungen

(1) Im Sinne dieser Verordnung gelten die Begriffsbestimmungen des Artikels 4 der Verordnung (EG) Nr. 561/2006.

---

[1] Richtlinie 2002/15/EG des Europäischen Parlaments und des Rates vom 11. März 2002 zur Regelung der Arbeitszeit von Personen, die Fahrtätigkeiten im Bereich des Straßentransports ausüben (ABl. L 80 vom 23.3.2002, S. 35).

[2] Richtlinie 92/6/EWG des Rates vom 10. Februar 1992 über Einbau und Benutzung von Geschwindigkeitsbegrenzern für bestimmte Kraftfahrzeugklassen in der Gemeinschaft (ABl. L 57 vom 2.3.1992, S. 27).

[3] Richtlinie 92/106/EWG des Rates vom 7. Dezember 1992 über die Festlegung gemeinsamer Regeln für bestimmte Beförderungen im kombinierten Güterverkehr zwischen Mitgliedstaaten (ABl. L 368 vom 17.12.1992, S. 38).

[4] Richtlinie 96/71/EG des Europäischen Parlaments und des Rates vom 16. Dezember 1996 über die Entsendung von Arbeitnehmern im Rahmen der Erbringung von Dienstleistungen (ABl. L 18 vom 21.1.1997, S. 1).

[5] Richtlinie 2014/67/EU des Europäischen Parlaments und des Rates vom 15. Mai 2014 zur Durchsetzung der Richtlinie 96/71/EG über die Entsendung von Arbeitnehmern im Rahmen der Erbringung von Dienstleistungen und zur Änderung der Verordnung (EU) Nr. 1024/2012 über die Verwaltungszusammenarbeit mit Hilfe des Binnenmarkt-Informationssystems („IMI-Verordnung") (ABl. L 159 vom 28.5.2014, S. 11).

[6] Richtlinie (EU) 2020/1057 des Europäischen Parlaments und des Rates vom 15. Juli 2020 zur Festlegung spezifischer Regeln im Zusammenhang mit der Richtlinie 96/71/EG und der Richtlinie 2014/67/EU für die Entsendung von Kraftfahrern im Straßenverkehrssektor und zur Änderung der Richtlinie 2006/22/EG über die Durchsetzungsanforderungen und der Verordnung (EU) Nr. 1024/2012 (ABl. L 249 vom 31.7.2020, S. 49).

Anhang

(2) Zusätzlich zu den in Absatz 1 genannten Begriffsbestimmungen gelten im Sinne dieser Verordnung folgende Begriffsbestimmungen:

a) „Fahrtenschreiber" oder „Kontrollgerät" ist das für den Einbau in Kraftfahrzeuge bestimmte Gerät zum vollautomatischen oder halbautomatischen Anzeigen, Aufzeichnen, Ausdrucken, Speichern und Ausgeben von Angaben über die Fahrten des Fahrzeugs, einschließlich seiner Fahrgeschwindigkeit, gemäß Artikel 4 Absatz 3 sowie von Angaben über bestimmte Tätigkeitszeiten der Fahrer;

b) „Fahrzeugeinheit" ist der Fahrtenschreiber ohne den Bewegungssensor und ohne die Verbindungskabel zum Bewegungssensor. Die Fahrzeugeinheit kann aus einem Einzelgerät oder aus mehreren im Fahrzeug verteilten Geräten bestehen, sofern sie den Sicherheitsanforderungen dieser Verordnung entspricht; die Fahrzeugeinheit umfasst unter anderem eine Verarbeitungseinheit, einen Massenspeicher, eine Zeitmessfunktion, zwei Chipkarten-Schnittstellengeräte für Fahrer und Beifahrer, einen Drucker, eine Datenanzeige, Steckverbinder und Bedienelemente für Nutzereingaben;

c) „Bewegungssensor" ist der Bestandteil des Fahrtenschreibers, der ein Signal bereitstellt, das die Fahrzeuggeschwindigkeit und/oder die zurückgelegte Wegstrecke darstellt;

d) „Fahrtenschreiberkarte" ist eine zur Verwendung mit dem Fahrtenschreiber bestimmte Chipkarte, die die Feststellung der Rolle des Karteninhabers durch den Fahrtenschreiber und die Übertragung und Speicherung von Daten ermöglicht;

e) „Schaublatt" ist ein für die dauerhafte Aufzeichnung von Daten bestimmtes Blatt, das in den analogen Fahrtenschreiber eingelegt wird und auf dem die Schreibeinrichtung des analogen Fahrtenschreibers die zu registrierenden Angaben fortlaufend aufzeichnet;

f) „Fahrerkarte" ist eine Fahrtenschreiberkarte, die einem bestimmten Fahrer von den Behörden eines Mitgliedstaats ausgestellt wird, den Fahrer ausweist und die Speicherung von Tätigkeitsdaten des Fahrers ermöglicht;

g) „analoger Fahrtenschreiber" ist ein Fahrtenschreiber, bei dem ein Schaublatt in Einklang mit dieser Verordnung verwendet wird;

h) „digitaler Fahrtenschreiber" ist ein Fahrtenschreiber, bei dem eine Fahrtenschreiberkarte in Einklang mit dieser Verordnung verwendet wird;

i) „Kontrollkarte" ist eine Fahrtenschreiberkarte, die die Behörden eines Mitgliedstaats einer zuständigen nationalen Kontrollbehörde ausstellen, die die Kontrollbehörde, und fakultativ den Kontrolleur, ausweist und das Lesen, Ausdrucken und/oder Herunterladen der im Massenspeicher, auf Fahrerkarten, und fakultativ auf Werkstattkarten gespeicherten Daten, ermöglicht;

j) „Unternehmenskarte" ist eine Fahrtenschreiberkarte, die die Behörden eines Mitgliedstaats einem Verkehrsunternehmen ausstellen, das mit einem Fahrtenschreiber ausgerüstete Fahrzeuge betreiben muss, und die das Verkehrsunternehmen ausweist und das Anzeigen, Herunterladen und Ausdrucken der Daten ermöglicht, die in dem von diesem Verkehrsunternehmen gesperrten Fahrtenschreiber gespeichert sind;

k) „Werkstattkarte" ist eine Fahrtenschreiberkarte, die die Behörden eines Mitgliedstaats benannten Mitarbeitern eines von diesem Mitgliedstaat zugelassenen Fahrtenschreiberherstellers, Einbaubetriebs, Fahrzeugherstellers oder einer von ihm zugelassenen Werkstatt ausstellen, den Karteninhaber ausweist und das Prüfen, Kalibrieren und Aktivieren von Fahrtenschreibern und/oder das Herunterladen der Daten von diesen ermöglicht;

l) „Aktivierung" ist die Phase, in der der Fahrtenschreiber mit Hilfe einer Werkstattkarte seine volle Einsatzbereitschaft erlangt und alle Funktionen, einschließlich Sicherheitsfunktionen, erfüllt;

m) „Kalibrierung" des digitalen Fahrtenschreibers ist die mit Hilfe der Werkstattkarte vorgenommene Aktualisierung oder Bestätigung von Fahrzeugparametern einschließlich der Fahrzeugkennung und der Fahrzeugmerkmale, die im Massenspeicher zu speichern sind;

n) „Herunterladen" von einem digitalen Fahrtenschreiber ist das Kopieren eines Teils oder aller im Massenspeicher der Fahrzeugeinheit oder im Speicher der Fahrtenschreiberkarte gespeicherten Datendateien zusammen mit der digitalen Signatur, sofern hierdurch die gespeicherten Daten weder verändert noch gelöscht werden;

o) „Ereignis" ist eine vom Fahrtenschreiber festgestellte Betriebsabweichung, die möglicherweise auf einen Betrugsversuch zurückgeht;

p) „Störung" ist eine vom Fahrtenschreiber festgestellte Betriebsabweichung, die möglicherweise auf eine technische Fehlfunktion oder ein technisches Versagen zurückgeht;

Anhang

q) „Einbau" ist die Montage eines Fahrtenschreibers in einem Fahrzeug;

r) „ungültige Karte" ist eine Karte, die als fehlerhaft festgestellt wurde oder deren Erstauthentisierung fehlgeschlagen oder deren Gültigkeitsbeginn noch nicht erreicht oder deren Ablaufdatum überschritten ist;

s) „regelmäßige Nachprüfung" ist ein Komplex von Arbeitsgängen zur Überprüfung der ordnungsgemäßen Funktion des Fahrtenschreibers und der Übereinstimmung seiner Einstellungen mit den Fahrzeugparametern sowie zur Kontrolle, dass keine Manipulationsvorrichtungen an den Fahrtenschreiber angeschlossen sind;

t) „Reparatur" ist die Reparatur eines Bewegungssensors oder einer Fahrzeugeinheit, wozu die Trennung von der Stromversorgung oder die Trennung von anderen Komponenten des Fahrtenschreibers oder die Öffnung des Bewegungssensors oder der Fahrzeugeinheit erforderlich ist;

u) „Typgenehmigung" ist das Verfahren, mit dem durch einen Mitgliedstaat gemäß Artikel 13 bescheinigt wird, dass der Fahrtenschreiber, seine jeweiligen Komponenten oder die Fahrtenschreiberkarte, die in Verkehr gebracht werden sollen, die Anforderungen dieser Verordnung erfüllen;

v) „Interoperabilität" ist die Fähigkeit von Systemen, Daten auszutauschen und Informationen weiterzugeben, sowie die ihnen zugrundeliegenden Geschäftsabläufe;

w) „Schnittstelle" ist eine Einrichtung zwischen Systemen, die der Verbindung und der Kommunikation zwischen den Systemen dient;

x) „Zeitmessung" ist die ununterbrochene digitale Aufzeichnung der koordinierten Weltzeit aus Kalenderdatum und Uhrzeit (UTC);

y) „Zeiteinstellung" ist die in regelmäßigen Abständen vorgenommene automatische Einstellung der aktuellen Zeit mit einer Höchsttoleranz von einer Minute oder die während der Kalibrierung vorgenommene Einstellung;

z) „offene Norm" ist eine Norm, die in einem Normenspezifikationsdokument aufgeführt ist, das kostenlos oder gegen eine Schutzgebühr zur Verfügung steht und gebührenfrei oder gegen eine Schutzgebühr kopiert, verteilt oder benutzt werden darf.

Artikel 3
Anwendungsbereich

(1) Der Fahrtenschreiber ist in Fahrzeugen einzubauen und zu benutzen, die in einem Mitgliedstaat zugelassen sind, der Personen- oder Güterbeförderung im Straßenverkehr dienen und für die die Verordnung (EG) Nr. 561/2006 gilt.

(2) Die Mitgliedstaaten können die in Artikel 13 Absätze 1 und 3 der Verordnung (EG) Nr. 561/2006 genannten Fahrzeuge von der Anwendung der vorliegenden Verordnung ausnehmen.

(3) Die Mitgliedstaaten können Fahrzeuge, die für Beförderungen eingesetzt werden, für die eine Ausnahme nach Artikel 14 Absatz 1 der Verordnung (EG) Nr. 561/2006 gewährt wurde, von der Anwendung der vorliegenden Verordnung ausnehmen.

Die Mitgliedstaaten können Fahrzeuge, die für Beförderungen eingesetzt werden, für die gemäß Artikel 14 Absatz 2 der Verordnung (EG) Nr. 561/2006 eine Ausnahme gewährt wurde, von der Anwendung der vorliegenden Verordnung ausnehmen; sie setzen die Kommission unverzüglich davon in Kenntnis.

(4) Spätestens drei Jahre nach Ablauf des Jahres des Inkrafttretens der in Artikel 11 Absatz 2 genannten Einzelvorschriften müssen folgende Kategorien von Fahrzeugen, die in einem anderen Mitgliedstaat als dem Mitgliedstaat ihrer Zulassung eingesetzt werden, mit einem intelligenten Fahrtenschreiber gemäß den Artikeln 8, 9 und 10 dieser Verordnung ausgerüstet sein:

a) Fahrzeuge, die mit einem analogen Fahrtenschreiber ausgerüstet sind;

b) Fahrzeuge, die mit einem digitalen Fahrtenschreiber ausgerüstet sind, der den bis zum 30. September 2011 geltenden Spezifikationen in Anhang IB der Verordnung (EWG) Nr. 3821/85 entspricht;

c) Fahrzeuge, die mit einem digitalen Fahrtenschreiber ausgerüstet sind, der den ab dem 1. Oktober 2011 geltenden Spezifikationen in Anhang IB der Verordnung (EWG) Nr. 3821/85 entspricht, und

d) Fahrzeuge, die mit einem digitalen Fahrtenschreiber ausgerüstet sind, der den ab dem 1. Oktober 2012 geltenden Spezifikationen in Anhang IB der Verordnung (EWG) Nr. 3821/85 entspricht.

(4a) Spätestens vier Jahre nach Inkrafttreten der in Artikel 11 Absatz 2 genannten Einzelvorschriften müssen Fahrzeuge, die mit einem intelligenten Fahrtenschreiber gemäß Anhang IC der Durchführungsverord-

Anhang

nung (EU) 2016/799 der Kommission[*] ausgerüstet sind und in einem anderen Mitgliedstaat als dem Mitgliedstaat ihrer Zulassung eingesetzt werden, mit einem intelligenten Fahrtenschreiber gemäß den Artikeln 8, 9 und 10 der vorliegenden Verordnung ausgerüstet sein.

Artikel 4
Anforderungen und zu speichernde Daten

(1) Fahrtenschreiber, einschließlich externer Komponenten, Fahrtenschreiberkarten und Schaublätter müssen strenge technische und andere Anforderungen erfüllen, so dass diese Verordnung ordnungsgemäß angewendet werden kann.

(2) Der Fahrtenschreiber und die Fahrtenschreiberkarten müssen die folgenden Anforderungen erfüllen:

- Aufzeichnung genauer und zuverlässiger Daten betreffend den Fahrer, die Tätigkeit des Fahrers und das Fahrzeug;
- Sicherheit, damit insbesondere Integrität und Ursprung der Herkunft der von Fahrzeugeinheiten und Bewegungssensoren aufgezeichneten und von ihnen abgerufenen Daten gewährleistet sind;
- Interoperabilität zwischen den verschiedenen Generationen von Fahrzeugeinheiten und Fahrtenschreiberkarten;
- Ermöglichung einer wirksamen Überprüfung der Einhaltung dieser Verordnung und anderer Rechtsakte;
- Ausreichend Speicherkapazität zur Speicherung aller gemäß dieser Verordnung erforderlichen Daten;
- Benutzerfreundlichkeit.

(3) Der digitale Fahrtenschreiber muss folgende Daten aufzeichnen:

a) zurückgelegte Wegstrecke und Geschwindigkeit des Fahrzeugs;

b) Zeitmessung;

c) Standorte gemäß Artikel 8 Absatz 1;

d) Identität des Fahrers;

---

[*] Durchführungsverordnung (EU) 2016/799 der Kommission vom 18. März 2016 zur Durchführung der Verordnung (EU) Nr. 165/2014 des Europäischen Parlaments und des Rates zur Festlegung der Vorschriften über Bauart, Prüfung, Einbau, Betrieb und Reparatur von Fahrtenschreibern und ihren Komponenten (ABl. L 139 vom 26.5.2016, S. 1).

e) Tätigkeit des Fahrers;

f) Kontroll-, Kalibrierungs- und Fahrtenschreiber-Reparaturdaten, einschließlich Angaben zur Werkstatt;

g) Ereignisse und Fehler.

(4) Der analoge Fahrtenschreiber muss mindestens die in Absatz 3 Buchstaben a, b und e genannten Daten aufzeichnen.

(5) Folgenden Stellen kann jederzeit Zugang zu den im Fahrtenschreiber und auf der Fahrtenschreiberkarte gespeicherten Daten gewährt werden:

a) den zuständigen Kontrollbehörden, und

b) dem jeweiligen Verkehrsunternehmen, damit es seinen rechtlichen Verpflichtungen nachkommen kann, insbesondere jenen gemäß Artikel 32 und 33.

(6) Das Herunterladen von Daten erfolgt mit geringst möglicher zeitlicher Beeinträchtigung für Verkehrsunternehmen bzw. Fahrer.

(7) Die vom Fahrtenschreiber gespeicherten Daten, die drahtlos oder elektronisch vom oder zum Fahrtenschreiber übertragen werden können, müssen öffentlich verfügbare Protokolle sein, die in offenen Normen definiert sind.

(8) Um sicherzustellen, dass der Fahrtenschreiber und die Fahrtenschreiberkarten den Grundsätzen und Anforderungen dieser Verordnung und insbesondere dieses Artikels genügen, erlässt die Kommission im Wege von Durchführungsrechtsakten Einzelvorschriften für die einheitliche Anwendung dieses Artikels, und zwar insbesondere Bestimmungen zu den technischen Vorkehrungen zwecks Einhaltung dieser Anforderungen. Diese Durchführungsrechtsakte werden nach dem in Artikel 42 Absatz 3 genannten Prüfverfahren erlassen.

(9) Diese Einzelvorschriften gemäß Absatz 8, die gegebenenfalls auf Normen gestützt sind, gewährleisten die Interoperabilität und Kompatibilität zwischen den verschiedenen Generationen von Fahrzeugeinheiten und allen Fahrtenschreiberkarten.

Artikel 5
Funktionen des digitalen Fahrtenschreibers

Der digitale Fahrtenschreiber muss folgende Funktionen gewährleisten:

- Geschwindigkeits- und Wegstreckenmessung;

Anhang

- Überwachung der Fahrertätigkeiten und des Status der Fahrzeugführung;
- Überwachung des Einsteckens und Entnehmens von Fahrtenschreiberkarten;
- Aufzeichnung manueller Eingaben der Fahrer;
- Kalibrierung;
- automatische Aufzeichnung der Standorte gemäß Artikel 8 Absatz 1;
- Überwachung von Kontrollen;
- Feststellung und Aufzeichnung von Ereignissen und Störungen;
- Auslesen von Daten aus dem Massenspeicher und Aufzeichnung und Speicherung von Daten im Massenspeicher;
- Auslesen von Daten aus Fahrtenschreiberkarten und Aufzeichnung und Speicherung von Daten auf Fahrtenschreiberkarten;
- Datenanzeige, Warnsignale, Ausdrucken und Herunterladen von Daten auf externe Geräte;
- Zeiteinstellung und Zeitmessung;
- Fernkommunikation;
- Unternehmenssperren;
- integrierte Tests und Selbsttests.

Artikel 6
Datenanzeige und Warnsignale

(1) Die im digitalen Fahrtenschreiber und auf der Fahrtenschreiberkarte gespeicherten Informationen über Fahrzeugbewegungen und über Fahrer und Beifahrer müssen klar, unzweideutig und ergonomisch angezeigt werden.

(2) Folgende Informationen müssen angezeigt werden:

a) Uhrzeit;

b) Betriebsart;

c) Fahrertätigkeit:

- bei derzeitiger Tätigkeit „Lenken": die aktuelle ununterbrochene Lenkzeit und die aktuelle kumulierte Arbeitsunterbrechung des Fahrers,

- bei derzeitiger Tätigkeit „Bereitschaft/andere Arbeiten/Ruhezeit oder Pause": die aktuelle Dauer dieser Tätigkeit (seit der Auswahl) und die aktuelle kumulierte Arbeitsunterbrechung;

d) Warndaten;

e) Menüzugangsdaten.

Vom Fahrtenschreiber können zusätzliche Informationen angezeigt werden, sofern sie von den gemäß dem vorliegenden Absatz vorgeschriebenen Informationen deutlich unterscheidbar sind.

(3) Bei Feststellung eines Ereignisses und/oder einer Störung sowie vor und zum Zeitpunkt der Überschreitung der höchstzulässigen ununterbrochenen Lenkzeit erhält der Fahrer vom digitalen Fahrtenschreiber ein Warnsignal, damit er die einschlägigen Rechtsvorschriften leichter einhalten kann.

(4) Warnsignale werden als optisches Signal ausgegeben; zusätzlich kann ein akustisches Signal ausgegeben werden. Die Warnsignale haben eine Dauer von mindestens 30 Sekunden, sofern sie nicht vom Nutzer durch Drücken einer Taste am Fahrtenschreiber bestätigt werden. Der Grund für die Warnung wird am Fahrtenschreiber angezeigt und bleibt so lange sichtbar, bis der Benutzer ihn mit einer bestimmten Taste oder mit einem bestimmten Befehl über den Fahrtenschreiber bestätigt.

(5) Um sicherzustellen, dass der Fahrtenschreiber die Anzeige- und Warnsignal-Anforderungen nach diesem Artikel erfüllt, erlässt die Kommission die für die einheitliche Anwendung dieses Artikels erforderlichen Einzelvorschriften. Diese Durchführungsrechtsakte werden nach dem in Artikel 42 Absatz 3 genannten Prüfverfahren erlassen.

Artikel 7
Datenschutz

(1) Die Mitgliedstaaten stellen sicher, dass die Verarbeitung personenbezogener Daten im Rahmen der vorliegenden Verordnung nur zum Zwecke der Überprüfung der Einhaltung der vorliegenden Verordnung und der Verordnungen (EG) Nr. 561/2006, (EG) Nr. 1071/2009, (EG) Nr. 1072/2009 und (EG) Nr. 1073/2009, der Richtlinien 92/6/EWG, 92/106/EWG und 2002/15/EG sowie, was die Entsendung von Arbeitnehmern im Straßenverkehr betrifft, der Richtlinien 96/71/EG, 2014/67/EU und (EU) 2020/1057 erfolgt.

(2) Die Mitgliedstaaten stellen insbesondere sicher, dass personenbezogene Daten gegen andere Verwendungen als die strikt mit den in

Anhang

Absatz 1 genannten Rechtsakten der Union zusammenhängende Verwendung in Bezug auf Folgendes geschützt werden:

a) Nutzung eines globalen Satellitennavigationssystems (GNSS) für die Aufzeichnung von Standortdaten gemäß Artikel 8,

b) Nutzung der Fernkommunikation zu Kontrollzwecken gemäß Artikel 9, Nutzung eines Fahrtenschreibers mit einer harmonisierten Schnittstelle gemäß Artikel 10, elektronischer Austausch von Informationen über Fahrerkarten gemäß Artikel 31 und insbesondere grenzüberschreitender Austausch dieser Daten mit Drittländern und

c) Aufbewahrung von Aufzeichnungen durch Verkehrsunternehmen gemäß Artikel 33.

(3) Der digitale Fahrtenschreiber muss so konstruiert sein, dass er die Privatsphäre schützt. Es dürfen nur Daten verarbeitet werden, die für die in Absatz 1 genannten Zwecke erforderlich sind.

(4) Die Fahrzeugeigentümer, die Verkehrsunternehmen und jede sonstige betroffene Stelle halten, soweit anwendbar, die einschlägigen Bestimmungen zum Schutz personenbezogener Daten ein.

KAPITEL II
INTELLIGENTER FAHRTENSCHREIBER

Artikel 8
Aufzeichnung des Fahrzeugstandorts an bestimmten Punkten bzw. Zeitpunkten während der täglichen Arbeitszeit

(1) Um die Überprüfung der Einhaltung der einschlägigen Rechtsvorschriften zu erleichtern, wird der Standort des Fahrzeugs an folgenden Punkten oder am nächstgelegenen Ort, an dem das Satellitensignal verfügbar ist, automatisch aufgezeichnet:

– Standort zu Beginn der täglichen Arbeitszeit;

– jedes Mal, wenn das Fahrzeug die Grenze eines Mitgliedstaats überschreitet;

– bei jeder Be- oder Entladung des Fahrzeugs;

– nach jeweils drei Stunden kumulierter Lenkzeit und

– Standort am Ende der täglichen Arbeitszeit.

Um die Überprüfung der Einhaltung der Vorschriften durch die Kontrollbehörden zu erleichtern, zeichnet der intelligente Fahrtenschreiber gemäß den Anforderungen der Verordnung (EG) Nr. 561/2006 ferner auf, ob das Fahrzeug für die Beförderung von Gütern oder Personen benutzt wurde.

Dazu müssen Fahrzeuge, die 36 Monate nach Inkrafttreten der Einzelvorschriften gemäß Artikel 11 Absatz 1 erstmals zugelassen werden, mit einem Fahrtenschreiber ausgerüstet sein, der an einen Positionsbestimmungsdienst auf der Basis eines Satellitennavigationssystems angebunden ist.

Die Aufzeichnung von Grenzüberschreitungen und zusätzlichen Tätigkeiten gemäß Unterabsatz 1 zweiter und dritter Gedankenstrich und gemäß Unterabsatz 2 gilt jedoch für Fahrzeuge, die mehr als zwei Jahre nach Inkrafttreten der in Artikel 11 Absatz 2 genannten Einzelvorschriften in einem Mitgliedstaat erstmals zugelassen wurden, unbeschadet der Pflicht zur späteren Nachrüstung bestimmter Fahrzeuge gemäß Artikel 3 Absatz 4.

(2) Was die Anbindung des Fahrtenschreibers an einen auf ein Satellitennavigationssystem gestützten Positionsbestimmungsdienst gemäß Absatz 1 anbelangt, so dürfen nur solche Dienste genutzt werden, die kostenfrei sind. Andere Standortdaten als die – soweit möglich – in geografischen Koordinaten ausgedrückten Daten zur Bestimmung der Standorte gemäß Absatz 1 dürfen im Fahrtenschreiber nicht dauerhaft gespeichert werden. Standortdaten, die vorübergehend gespeichert werden müssen, um die automatische Aufzeichnung der Punkte gemäß Absatz 1 zu ermöglichen oder um den Bewegungssensor abzugleichen, dürfen für keinen Nutzer zugänglich sein und müssen automatisch gelöscht werden, sobald sie für diese Zwecke nicht mehr benötigt werden.

Artikel 9
Früherkennung von möglicher Manipulation oder möglichem Missbrauch per Fernkommunikation

(1) Um den zuständigen Kontrollbehörden gezielte Straßenkontrollen zu erleichtern, muss der Fahrtenschreiber, der in Fahrzeugen eingebaut ist, die 36 Monate nach Inkrafttreten der Einzelvorschriften gemäß Artikel 11 erstmals zugelassen worden sind, fähig sein, mit diesen Behörden zu kommunizieren, während sich das Fahrzeug in Bewegung befindet.

(2) Drei Jahre nach Inkrafttreten der in Artikel 11 Absatz 2 genannten Einzelvorschriften mit Spezifikationen für die Aufzeichnung von Grenzüberschreitungen und zusätzlichen Tätigkeiten nach Artikel 8 Absatz 1 zweiter und dritter Gedankenstrich statten die Mitgliedstaaten ihre Kontrollbehörden in angemessenem Umfang mit den Geräten zur Früherkennung per Fernkommunikation aus, die für die Datenkommunikation

Anhang

gemäß dem vorliegenden Artikel benötigt werden; dabei sind ihre besonderen Durchsetzungsanforderungen und -strategien zu berücksichtigen. Bis zu diesem Zeitpunkt steht es den Mitgliedstaaten frei, ihre Kontrollbehörden mit den Fernkommunikationsgeräten für die Früherkennung auszustatten.

(3) Die Kommunikation mit dem Fahrtenschreiber gemäß Absatz 1 darf nur auf Veranlassung des Prüfgeräts der Kontrollbehörden aufgenommen werden. Sie muss gesichert erfolgen, um die Datenintegrität und die Authentifizierung des Kontrollgeräts und des Prüfgeräts sicherzustellen. Der Zugang zu den übertragenen Daten ist auf die Kontrollbehörden beschränkt, die ermächtigt sind, Verstöße gegen die in Artikel 7 Absatz 1 genannten Rechtsakte der Union und gegen die vorliegende Verordnung zu überprüfen, und auf Werkstätten, soweit ein Zugang für die Überprüfung des ordnungsgemäßen Funktionierens des Fahrtenschreibers erforderlich ist.

(4) Bei der Kommunikation dürfen nur Daten übertragen werden, die für die Zwecke der gezielten Straßenkontrolle von Fahrzeugen notwendig sind, deren Fahrtenschreiber mutmaßlich manipuliert oder missbraucht wurde. Diese Daten müssen sich auf folgende vom Fahrtenschreiber aufgezeichnete Ereignisse oder Daten beziehen:

– letzter Versuch einer Sicherheitsverletzung,

– längste Unterbrechung der Stromversorgung,

– Sensorstörung,

– Datenfehler Weg und Geschwindigkeit,

– Datenkonflikt Fahrzeugbewegung,

– Fahren ohne gültige Karte,

– Einstecken der Karte während des Lenkens,

– Zeiteinstellungsdaten,

– Kalibrierungsdaten einschließlich des Datums der zwei letzten Kalibrierungen,

– amtliches Kennzeichen des Fahrzeugs,

– vom Fahrtenschreiber aufgezeichnete Geschwindigkeit,

– Überschreitung der maximalen Lenkzeit.

(5) Die übertragenen Daten dürfen nur dazu verwendet werden, die Einhaltung dieser Verordnung zu überprüfen. Sie dürfen nur an Behör-

den, die die Einhaltung der Lenk- und Ruhezeiten kontrollieren, und an Justizbehörden im Rahmen eines laufenden Gerichtsverfahrens übermittelt werden.

(6) Die Daten werden von den Kontrollbehörden nur für die Dauer einer Straßenkontrolle gespeichert und spätestens drei Stunden nach ihrer Übermittlung gelöscht, es sei denn, die Daten lassen eine Manipulation oder einen Missbrauch des Fahrtenschreibers vermuten. Bestätigt sich der Verdacht einer Manipulation oder eines Missbrauchs im Laufe der anschließenden Straßenkontrolle nicht, so werden die übertragenen Daten gelöscht.

(7) Das Verkehrsunternehmen, das das Fahrzeug betreibt, ist dafür verantwortlich, dass der Fahrer über die Möglichkeit der Früherkennung von möglicher Manipulation oder möglichem Missbrauch des Fahrtenschreibers per Fernkommunikation informiert wird.

(8) Eine Fernkommunikation zur Früherkennung der Art, wie sie in dem vorliegenden Artikel beschrieben wird, führt in keinem Fall zu automatischen Geldbußen oder Zwangsgeldern für den Fahrer oder das Unternehmen. Die zuständige Kontrollbehörde kann aufgrund der ausgetauschten Daten entscheiden, eine Überprüfung des Fahrzeugs und des Fahrtenschreibers durchzuführen. Das Ergebnis der Fernkommunikation hindert die Kontrollbehörden nicht daran, auf der Grundlage des durch Artikel 9 der Richtlinie 2006/22/EG eingeführten Risikoeinstufungssystems stichprobenartige Unterwegskontrollen durchzuführen.

Artikel 10
Schnittstelle zu intelligenten Verkehrssystemen

Fahrtenschreiber von Fahrzeugen, die 36 Monate nach Inkrafttreten der Einzelvorschriften gemäß Artikel 11 erstmals zugelassen werden, können mit genormten Schnittstellen ausgerüstet werden, die im Betriebsmodus die Nutzung der vom Fahrtenschreiber aufgezeichneten oder erzeugten Daten durch externe Geräte ermöglichen, sofern die folgenden Voraussetzungen erfüllt sind:

a) Die Schnittstelle beeinträchtigt die Authentizität und Integrität der Daten des Fahrtenschreibers nicht.

b) Die Schnittstelle entspricht den Einzelvorschriften nach Artikel 11.

c) Das an die Schnittstelle angeschlossene externe Gerät kann auf personenbezogene Daten, einschließlich Ortsbestimmungsdaten, nur zugreifen, wenn der Fahrer, auf den sich die Daten beziehen, nachweisbar seine Zustimmung erteilt hat.

Anhang

Fahrtenschreiber von Fahrzeugen, die zwei Jahre nach Inkrafttreten der in Artikel 11 Absatz 2 genannten Einzelvorschriften mit Spezifikationen für die Aufzeichnung von Grenzüberschreitungen und zusätzlichen Tätigkeiten nach Artikel 8 Absatz 1 zweiter und dritter Gedankenstrich erstmals in einem Mitgliedstaat zugelassen werden, werden mit der in Absatz 1 genannten Schnittstelle ausgerüstet.

Artikel 11
Einzelvorschriften für intelligente Fahrtenschreiber

(1) Um sicherzustellen, dass der intelligente Fahrtenschreiber den Grundsätzen und Anforderungen dieser Verordnung entspricht, erlässt die Kommission die für die einheitliche Anwendung der Artikel 8, 9 und 10 erforderlichen Einzelvorschriften, mit Ausnahme aller Bestimmungen, in denen die Aufzeichnung zusätzlicher Daten durch den Fahrtenschreiber vorgesehen würde.

Die Kommission erlässt bis zum 21. August 2021 Durchführungsrechtsakte mit genauen Vorschriften für die einheitliche Anwendung der Verpflichtung zur Aufzeichnung und Speicherung der Daten zu sämtlichen Grenzüberschreitungen des Fahrzeugs und Tätigkeiten gemäß Artikel 8 Absatz 1 Unterabsatz 1 zweiter und dritter Gedankenstrich und Artikel 8 Absatz 1 Unterabsatz 2.

Die Kommission erlässt bis zum 21. Februar 2022 Durchführungsrechtsakte mit genauen Vorschriften, die für die einheitliche Anwendung der Vorschriften über Datenanforderungen und -funktionen, einschließlich der Artikel 8, 9 und 10 dieser Verordnung, und über den Einbau von Fahrtenschreibern für Fahrzeuge im Sinne des Artikels 2 Absatz 1 Unterabsatz 2 Buchstabe aa der Verordnung (EG) Nr. 561/2006 erforderlich sind.

Diese Durchführungsrechtsakte werden nach dem in Artikel 42 Absatz 3 genannten Prüfverfahren erlassen.

(2) Die Einzelvorschriften nach den Absätzen 1, 2 und 3 des vorliegenden Artikels müssen:

a) bezüglich der Ausführung der Funktionen des intelligenten Fahrtenschreibers gemäß dem vorliegenden Kapitel die notwendigen Anforderungen enthalten, um die Sicherheit, Genauigkeit und Zuverlässigkeit der Daten zu gewährleisten, die von dem satellitengestützten Positionsbestimmungsdienst und der Fernkommunikationseinrichtung gemäß den Artikeln 8 und 9 an den Fahrtenschreiber übertragen werden;

b) die verschiedenen Bedingungen und Anforderungen für den satellitengestützten Positionsbestimmungsdienst und die Fernkommunikationseinrichtung gemäß den Artikeln 8 und 9 enthalten, und zwar sowohl für externe Lösungen als auch für den Fall einer Einbettung im Fahrtenschreiber; bei externen Lösungen müssen sie auch die Bedingungen für die Nutzung des satellitengestützten Positionsbestimmungssignals als zweiter Bewegungssensor abdecken;

c) die notwendigen Normen für die Schnittstelle gemäß Artikel 10 enthalten. Hierzu kann eine Bestimmung über die Vergabe von Zugriffsrechten für Fahrer, Werkstatt und Verkehrsunternehmen und über Kontrollfunktionen für die vom Fahrtenschreiber aufgezeichneten Daten enthalten sein; den Kontrollfunktionen muss ein Authentifizierungs-/Autorisierungsmechanismus für die Schnittstelle zugrunde liegen, wie beispielsweise ein Zertifikat für jede Zugriffsebene, allerdings unter dem Vorbehalt der technischen Machbarkeit.

KAPITEL III
TYPGENEHMIGUNG

Artikel 12
Beantragung

(1) Die Hersteller oder deren Beauftragte beantragen die Typgenehmigung für die Fahrzeugeinheit, den Bewegungssensor, das Schaublatt-Muster oder die Fahrtenschreiberkarte bei den Typgenehmigungsbehörden, die hierfür von den Mitgliedstaaten benannt worden sind.

(2) Die Mitgliedstaaten teilen der Kommission bis 2. März 2015 die Namen und Kontaktangaben der benannten Behörden gemäß Absatz 1 sowie erforderlichenfalls spätere Aktualisierungen dieser Angaben mit. Die Kommission veröffentlicht die Liste der benannten Typgenehmigungsbehörden auf ihrer Website und hält diese Liste auf dem neuesten Stand.

(3) Einem Typgenehmigungsantrag müssen die entsprechenden Spezifikationen, einschließlich der erforderlichen Informationen über die Plombierung, und die Sicherheits-, Funktions- und Interoperabilitätszertifikate beigefügt sein. Das Sicherheitszertifikat muss von einer anerkannten Zertifizierungsstelle ausgestellt sein, die von der Kommission benannt ist.

Das Funktionszertifikat wird dem Hersteller von der Typgenehmigungsbehörde ausgestellt.

Anhang

Ein Interoperabilitätszertifikat wird von einer einzigen Prüfstelle erteilt, die der Kommission untersteht und sich in ihrer Verantwortung befindet.

(4) In Bezug auf den Fahrtenschreiber, seine relevanten Komponenten und die Fahrtenschreiberkarte gilt Folgendes:

a) Das Sicherheitszertifikat muss für die Fahrzeugeinheit, die Fahrtenschreiberkarten, den Bewegungssensor und die Verbindung zum GNSS-Empfänger – falls das GNSS nicht in die Fahrzeugeinheiten integriert ist – Folgendes bescheinigen:

   i) Einhaltung der Sicherheitsziele;

   ii) Identifizierung und Authentifizierung, Autorisierung, Vertraulichkeit, Nachvollziehbarkeit, Integrität, Audit, Genauigkeit und Zuverlässigkeit des Dienstes.

b) Das Funktionszertifikat muss bescheinigen, dass das geprüfte Gerät die jeweiligen Anforderungen hinsichtlich folgender Punkte einhält: ausgeführte Funktionen, Umwelteigenschaften, elektromagnetische Verträglichkeit, Einhaltung physikalischer Anforderungen und Einhaltung anwendbarer Normen.

c) Das Interoperabilitätszertifikat muss bescheinigen, dass bei dem geprüften Gerät uneingeschränkte Interoperabilität mit den notwendigen Fahrtenschreibern oder Fahrtenschreiberkarten-Modellen gegeben ist.

(5) Änderungen an der Software oder Hardware des Fahrtenschreibers oder an den für seine Herstellung verwendeten Werkstoffen werden vor ihrer Umsetzung der Behörde gemeldet, die die Typgenehmigung für das Gerät erteilt hat. Diese Behörde bestätigt dem Hersteller die Erweiterung der Typgenehmigung oder verlangt eine Aktualisierung oder Bestätigung des entsprechenden Funktions-, Sicherheits- und/ oder Interoperabilitätszertifikats.

(6) Der Typgenehmigungsantrag für ein und dieselbe Bauart von Fahrzeugeinheit, Bewegungssensor, Schaublatt-Muster oder Fahrtenschreiberkarte darf nicht bei mehreren Mitgliedstaaten gestellt werden.

(7) Die Kommission erlässt im Wege von Durchführungsrechtsakten Einzelvorschriften für die einheitliche Anwendung dieses Artikels. Diese Durchführungsrechtsakte werden nach dem in Artikel 42 Absatz 3 genannten Prüfverfahren erlassen.

VO (EU) Nr. 165/2014

Artikel 13
Erteilung der Typgenehmigung

Ein Mitgliedstaat erteilt die Typgenehmigung für eine Bauart von Fahrzeugeinheit, Bewegungssensor, Schaublatt-Muster oder Fahrtenschreiberkarte, wenn diese den Vorschriften der Artikel 4 und 11 entsprechen und der Mitgliedstaat die Möglichkeit hat, die Übereinstimmung der Produktion mit dem zugelassenen Muster zu überprüfen.

Änderungen oder Ergänzungen eines Musters, für das die Typgenehmigung bereits erteilt worden ist, bedürfen einer Nachtrags-Typgenehmigung des Mitgliedstaats, der die ursprüngliche Typgenehmigung erteilt hat.

Artikel 14
Typgenehmigungszeichen

Die Mitgliedstaaten erteilen dem Antragsteller für jede gemäß Artikel 13 und Anhang II zugelassene Bauart von Fahrzeugeinheit, Bewegungssensor, Schaublatt-Muster oder Fahrtenschreiberkarte ein Typgenehmigungszeichen entsprechend einem vorher festgelegten Muster. Diese Muster werden von der Kommission im Wege von Durchführungsrechtsakten nach dem in Artikel 42 Absatz 3 genannten Prüfverfahren genehmigt.

Artikel 15
Genehmigung oder Ablehnung

Die zuständigen Behörden des Mitgliedstaats, bei dem die Typgenehmigung beantragt wurde, übermitteln den Behörden der anderen Mitgliedstaaten für jede zugelassene Bauart von Fahrzeugeinheit, Bewegungssensor, Schaublatt-Muster oder Fahrtenschreiberkarte innerhalb eines Monats eine Kopie des Typgenehmigungsbogens sowie Kopien der erforderlichen Spezifikationen, auch in Bezug auf die Plombierung. Lehnen die zuständigen Behörden eine beantragte Typgenehmigung ab, so unterrichten sie hiervon die Behörden der anderen Mitgliedstaaten und teilen die Gründe dafür mit.

Artikel 16
Übereinstimmung des Geräts mit der Typgenehmigung

(1) Stellt ein Mitgliedstaat, der eine Typgenehmigung gemäß Artikel 13 erteilt hat, fest, dass Fahrzeugeinheiten, Bewegungssensoren, Schaublätter oder Fahrtenschreiberkarten, die das von ihm erteilte Typgenehmigungszeichen tragen, nicht dem von ihm zugelassenen Muster ent-

Anhang

sprechen, so trifft er die erforderlichen Maßnahmen, um die Übereinstimmung der Produktion mit dem zugelassenen Muster sicherzustellen. Diese Maßnahmen können nötigenfalls bis zum Entzug der Typgenehmigung reichen.

(2) Der Mitgliedstaat, der eine Typgenehmigung erteilt hat, muss diese entziehen, wenn die Fahrzeugeinheit, der Bewegungssensor, das Schaublatt oder die Fahrtenschreiberkarte, für die die Typgenehmigung erteilt wurde, dieser Verordnung nicht entspricht oder bei der Verwendung einen Fehler allgemeiner Art erkennen lässt, der es/ihn/sie für seinen/ihren bestimmungsgemäßen Zweck ungeeignet macht.

(3) Wird der Mitgliedstaat, der eine Typgenehmigung erteilt hat, von einem anderen Mitgliedstaat darüber unterrichtet, dass einer der in den Absätzen 1 oder 2 genannten Fälle vorliegt, so trifft er nach Anhörung des mitteilenden Mitgliedstaats die in diesen Absätzen vorgesehenen Maßnahmen vorbehaltlich des Absatzes 5.

(4) Der Mitgliedstaat, der einen der in Absatz 2 genannten Fälle festgestellt hat, kann das Inverkehrbringen und die Inbetriebnahme der betreffenden Fahrzeugeinheiten, Bewegungssensoren, Schaublätter oder Fahrtenschreiberkarten bis auf Weiteres untersagen. Dasselbe gilt in den in Absatz 1 genannten Fällen in Bezug auf Fahrzeugeinheiten, Bewegungssensoren, Schaublätter oder Fahrtenschreiberkarten, die von der EU-Ersteichung befreit worden sind, wenn der Hersteller nach ordnungsgemäßer Anmahnung die Übereinstimmung des Geräts mit dem zugelassenen Muster bzw. mit den Anforderungen dieser Verordnung nicht herbeigeführt hat.

Auf jeden Fall teilen die zuständigen Behörden der Mitgliedstaaten einander und der Kommission innerhalb eines Monats den Entzug einer Typgenehmigung und jedwede andere gemäß den Absätzen 1, 2 oder 3 getroffene Maßnahmen mit und legen die Gründe dafür dar.

(5) Bestreitet der Mitgliedstaat, der eine Typgenehmigung erteilt hat, dass die in den Absätzen 1 und 2 genannten Fälle, auf die er hingewiesen worden ist, gegeben sind, so bemühen sich die betreffenden Mitgliedstaaten um die Beilegung des Streitfalls und unterrichten die Kommission laufend darüber.

Haben die Gespräche zwischen den Mitgliedstaaten nicht binnen vier Monaten nach der Unterrichtung gemäß Absatz 3 zu einem Einvernehmen geführt, so erlässt die Kommission nach Anhörung von Sachverständigen sämtlicher Mitgliedstaaten und nach Prüfung aller einschlägigen Faktoren, z.B. wirtschaftlicher und technischer Faktoren, binnen sechs Monaten nach Ablauf der genannten Viermonatsfrist einen Beschluss, der den beteiligten Mitgliedstaaten bekanntgegeben und gleichzeitig den übrigen Mitgliedstaaten mitgeteilt wird. Die Kommission setzt in jedem Fall die Frist für den Beginn der Durchführung ihres Beschlusses fest.

Artikel 17
Genehmigung der Schaublätter

(1) Im Antrag auf eine Typgenehmigung für ein Schaublatt-Muster ist im Antragsformular anzugeben, für welche Typen von analogen Fahrtenschreibern dieses Schaublatt bestimmt ist; für Prüfungen des Schaublatts ist außerdem ein geeigneter Fahrtenschreiber des entsprechenden Typs zur Verfügung zu stellen.

(2) Die zuständigen Behörden eines jeden Mitgliedstaats geben auf dem Typgenehmigungsbogen des Schaublatt-Musters an, in welchen Typen von analogen Fahrtenschreibern dieses Schaublatt-Muster verwendet werden kann.

Artikel 18
Begründung der Ablehnung

Jede Entscheidung aufgrund dieser Verordnung, durch die eine Typgenehmigung für eine Bauart von Fahrzeugeinheit, Bewegungssensor, Schaublatt-Muster oder Fahrtenschreiberkarte abgelehnt oder entzogen wird, ist eingehend zu begründen. Sie wird dem Betreffenden unter Angabe der nach dem Recht des jeweiligen Mitgliedstaats vorgesehen Rechtsmittel und der Rechtsmittelfristen mitgeteilt.

Artikel 19
Anerkennung typgenehmigter Fahrtenschreiber

Die Mitgliedstaaten dürfen die Zulassung oder Inbetriebnahme oder Benutzung von mit einem Fahrtenschreiber ausgerüsteten Fahrzeugen nicht aus Gründen ablehnen bzw. verbieten, die mit diesem Gerät zusammenhängen, wenn der Fahrtenschreiber das in Artikel 14 genannte Typgenehmigungszeichen und die in Artikel 22 Absatz 4 genannte Einbauplakette aufweist.

Artikel 20
Sicherheit

(1) Die Hersteller müssen ihre produzierten Fahrzeugeinheiten, Bewegungssensoren und Fahrtenschreiberkarten so konstruieren, erproben

Anhang

und ständig überprüfen, um Sicherheitsschwachstellen in allen Phasen des Produktlebenszyklus festzustellen, und müssen deren mögliche Ausnutzung verhindern oder eindämmen. Der Mitgliedstaat, der die Typgenehmigung erteilt hat, legt fest, wie häufig Prüfungen durchgeführt werden, wobei der Zeitraum zwischen zwei Prüfungen zwei Jahre nicht überschreiten darf.

(2) Zu diesem Zweck übermitteln die Hersteller der in Artikel 12 Absatz 3 genannten Zertifizierungsstelle die erforderlichen Unterlagen für die Schwachstellenanalyse.

(3) Für die Zwecke des Absatzes 1 führt die in Artikel 12 Absatz 3 genannte Zertifizierungsstelle Prüfungen an Fahrzeugeinheiten, Bewegungssensoren und Fahrtenschreiberkarten durch, um zu bestätigen, dass bekannte Sicherheitsschwachstellen nicht von Personen, die über öffentlich zugängliche Kenntnisse verfügen, ausgenutzt werden können.

(4) Werden bei den in Absatz 1 genannten Prüfungen Sicherheitsschwachstellen in Systemkomponenten (Fahrzeugeinheiten, Bewegungssensoren und Fahrtenschreiberkarten) festgestellt, so werden diese Komponenten nicht in Verkehr gebracht. Werden bei den in Absatz 3 genannten Prüfungen Sicherheitsschwachstellen in Komponenten festgestellt, die bereits in Verkehr gebracht wurden, unterrichtet der Hersteller oder die Zertifizierungsstelle die zuständigen Behörden des Mitgliedstaats, der die Typgenehmigung erteilt hat. Diese zuständigen Behörden ergreifen alle erforderlichen Maßnahmen, um sicherzustellen, dass das Problem – insbesondere vom Hersteller – beseitigt wird; außerdem unterrichten sie die Kommission unverzüglich über die festgestellten Sicherheitsschwachstellen und die geplanten oder ergriffenen Maßnahmen, wozu erforderlichenfalls auch der Entzug der Typgenehmigung gemäß Artikel 16 Absatz 2 zählt.

Artikel 21
Praxiserprobungen

(1) Die Mitgliedstaaten können Praxiserprobungen mit Fahrtenschreibern, für die noch keine Typgenehmigung erteilt wurde, genehmigen. Die von den Mitgliedstaaten erteilten Genehmigungen für Praxiserprobungen werden von ihnen gegenseitig anerkannt.

(2) Fahrer und Verkehrsunternehmen, die an einer Praxiserprobung teilnehmen, müssen die Anforderungen der Verordnung (EG) Nr. 561/2006 erfüllen. Die Fahrer erbringen diesen Nachweis nach dem Verfahren gemäß Artikel 35 Absatz 2 der vorliegenden Verordnung.

(3) Die Kommission kann Durchführungsrechtsakte zur Festlegung der Verfahren für die Durchführung von Praxiserprobungen und der Formulare für deren Überwachung erlassen. Diese Durchführungsrechtsakte werden nach dem in Artikel 42 Absatz 3 genannten Prüfverfahren erlassen.

KAPITEL IV
EINBAU UND PRÜFUNG

Artikel 22
Einbau und Reparatur

(1) Einbau und Reparaturen von Fahrtenschreibern dürfen nur von Einbaubetrieben, Werkstätten oder Fahrzeugherstellern vorgenommen werden, die von den zuständigen Behörden der Mitgliedstaaten gemäß Artikel 24 dafür zugelassen worden sind.

(2) Zugelassene Einbaubetriebe, Werkstätten oder Fahrzeughersteller plombieren den Fahrtenschreiber gemäß den Spezifikationen in dem Typgenehmigungsbogen nach Artikel 15, nachdem sie überprüft haben, dass er ordnungsgemäß funktioniert und insbesondere auf eine Art und Weise, durch die sichergestellt wird, dass die aufgezeichneten Daten durch Manipulationsvorrichtungen weder verfälscht noch geändert werden können.

(3) Der zugelassene Einbaubetrieb, die zugelassene Werkstatt oder der zugelassene Fahrzeughersteller versieht die durchgeführten Plombierungen mit einem besonderen Zeichen und gibt außerdem bei digitalen Fahrtenschreibern die elektronischen Sicherheitsdaten ein, mit denen sich die Authentifizierungskontrollen durchführen lassen. Die zuständigen Behörden eines jeden Mitgliedstaats übermitteln der Kommission das Verzeichnis der verwendeten Zeichen und elektronischen Sicherheitsdaten und die erforderlichen Informationen über die verwendeten elektronischen Sicherheitsdaten. Die Kommission macht den Mitgliedstaaten diese Informationen auf Anfrage zugänglich.

(4) Durch die Anbringung einer deutlich sichtbaren und leicht zugänglichen Einbauplakette wird bescheinigt, dass der Einbau des Fahrtenschreibers den Vorschriften dieser Verordnung entsprechend erfolgt ist.

(5) Fahrtenschreiberbauteile werden gemäß den Vorgaben des Typgenehmigungsbogens plombiert. Anschlüsse an den Fahrtenschreiber, die potenziell manipulationsanfällig sind, einschließlich der Verbindung zwischen dem Bewegungssensor und dem Getriebe, sowie gegebenenfalls die Einbauplakette werden plombiert.

Anhang

Eine Plombierung darf nur entfernt oder aufgebrochen werden

- durch Einbaubetriebe oder Werkstätten, die gemäß Artikel 24 von den zuständigen Behörden zugelassen sind, zwecks Reparatur, Instandhaltung oder Neukalibrierung des Fahrtenschreibers oder durch angemessen geschulte und erforderlichenfalls ermächtigte Kontrolleure für Kontrollzwecke;
- zwecks Reparaturen oder Umbauten des Fahrzeugs, die sich auf die Plombierung auswirken. In diesen Fällen ist im Fahrzeug eine schriftliche Erklärung mitzuführen, in der das Datum, die Uhrzeit und die Begründung der Entfernung der Plombierung angeführt sind. Die Kommission legt mittels Durchführungsrechtsakten ein Musterformular für die schriftliche Erklärung fest.

Die entfernte oder aufgebrochene Plombierung ist ohne unangemessene Verzögerung, spätestens jedoch innerhalb von sieben Tagen nach ihrem Entfernen oder Aufbrechen, von einem zugelassenen Einbaubetrieb oder einer zugelassenen Werkstatt zu ersetzen. Wurden Plombierungen zu Kontrollzwecken entfernt oder aufgebrochen, so können sie von einem Kontrolleur ohne unangemessene Verzögerung unter Verwendung einer entsprechenden Vorrichtung und eines eindeutigen besonderen Zeichens ersetzt werden.

Entfernt ein Kontrolleur eine Plombierung, so wird die Kontrollkarte ab dem Moment der Entfernung der Plombierung bis zum Ende der Kontrolle in den Fahrtenschreiber eingesetzt; das gilt auch im Fall der Anbringung einer neuen Plombierung. Der Kontrolleur stellt eine schriftliche Erklärung aus, die mindestens die folgenden Angaben enthält:

- Fahrzeug-Identifizierungsnummer;
- Name des Kontrolleurs;
- Kontrollbehörde und Mitgliedstaat;
- Nummer der Kontrollkarte;
- Nummer der entfernten Plombierung;
- Datum und Uhrzeit der Entfernung der Plombierung;
- Nummer der neuen Plombierung, sofern der Kontrolleur eine neue Plombierung angebracht hat.

Vor der Ersetzung der Plombierung wird der Fahrtenschreiber von einer zugelassenen Werkstaat einer Prüfung und Kalibrierung unterzogen, es sei denn, die Plombierung wurde zu Kontrollzwecken entfernt oder aufgebrochen und durch einen Kontrolleur ersetzt.

> VO (EU) Nr. 165/2014

Artikel 23
Nachprüfung der Fahrtenschreiber

(1) Fahrtenschreiber werden regelmäßigen Nachprüfungen durch zugelassene Werkstätten unterzogen. Die regelmäßigen Nachprüfungen finden mindestens alle zwei Jahre statt.

(2) Bei den Nachprüfungen gemäß Absatz 1 wird insbesondere Folgendes überprüft:

- dass der Fahrtenschreiber ordnungsgemäß eingebaut ist und für das Fahrzeug geeignet ist,
- dass der Fahrtenschreiber ordnungsgemäß funktioniert,
- dass auf dem Fahrtenschreiber das Typgenehmigungszeichen angebracht ist,
- dass die Einbauplakette angebracht ist,
- dass alle Plombierungen unversehrt sind und ihre Funktion erfüllen,
- dass keine Manipulationsvorrichtungen an den Fahrtenschreiber angeschlossen sind und dass keine Spuren der Verwendung solcher Vorrichtungen vorhanden sind,
- die Reifengröße und der tatsächliche Umfang der Radreifen.

(3) Falls Unregelmäßigkeiten in der Funktionsweise der Fahrtenschreiber behoben werden mussten, erstellen die zugelassenen Werkstätten, die Nachprüfungen durchführen, einen Nachprüfungsbericht, und zwar unabhängig davon, ob die Nachprüfung im Rahmen einer wiederkehrenden Nachprüfung oder im besonderen Auftrag der zuständigen nationalen Behörde erfolgt ist. Sie führen eine Liste aller erstellten Nachprüfungsberichte.

(4) Die Nachprüfungsberichte werden ab der Erstellung mindestens zwei Jahre lang aufbewahrt. Die Mitgliedstaaten entscheiden, ob die Nachprüfungsberichte in dieser Zeit einbehalten oder aber der zuständigen Behörde übermittelt werden. Bewahrt eine Werkstatt die Nachprüfungsberichte auf, so macht sie auf Anfrage der zuständigen Behörde die Berichte über die in diesem Zeitraum durchgeführten Nachprüfungen und Kalibrierungen zugänglich.

Artikel 24
Zulassung der Einbaubetriebe Werkstätten und Fahrzeughersteller

(1) Die Mitgliedstaaten sorgen für die Zulassung, regelmäßige Kontrolle und Zertifizierung der Einbaubetriebe, Werkstätten und Fahrzeughersteller, die zu Einbau, Einbauprüfung, Nachprüfung und Reparatur von Fahrtenschreibern befugt sind.

(2) Die Mitgliedstaaten gewährleisten die Fachkompetenz und Zuverlässigkeit der Einbaubetriebe, Werkstätten und Fahrzeughersteller. Zu diesem Zweck erstellen und veröffentlichen sie eindeutige nationale Verfahren und sorgen dafür, dass folgende Mindestanforderungen erfüllt werden:

a) das Personal ist ordnungsgemäß geschult,

b) die Ausrüstungen, die zur Durchführung der einschlägigen Prüfungen und Aufgaben erforderlich sind, stehen zur Verfügung,

c) die Einbaubetriebe, Werkstätten und Fahrzeughersteller gelten als zuverlässig.

(3) Zugelassene Einbaubetriebe und Werkstätten werden folgendermaßen überprüft:

a) Zugelassene Einbaubetriebe und Werkstätten werden mindestens alle zwei Jahre einem Audit unterzogen, bei dem die von ihnen angewandten Verfahren für den Umgang mit Fahrtenschreibern geprüft werden. Im Mittelpunkt des Audits stehen insbesondere die getroffenen Sicherheitsmaßnahmen und der Umgang mit Werkstattkarten. Die Mitgliedstaaten können diese Audits auch ohne eine Ortsbesichtigung durchführen.

b) Ferner finden unangekündigte technische Audits der zugelassenen Einbaubetriebe und Werkstätten statt, um die durchgeführten Kalibrierungen, Nachprüfungen und Einbauten zu überwachen. Diese Audits müssen jährlich mindestens 10 % der zugelassenen Einbaubetriebe und Werkstätten unterzogen werden.

(4) Die Mitgliedstaaten und ihre zuständigen Behörden ergreifen geeignete Maßnahmen, um Interessenkonflikte zwischen Einbaubetrieben oder Werkstätten mit den Verkehrsunternehmen zu vermeiden. Insbesondere bei Bestehen einer ernsthaften Gefahr eines Interessenkonflikts werden zusätzliche fallbezogene Maßnahmen ergriffen, um sicherzustellen, dass der Einbaubetrieb oder die Werkstatt diese Verordnung einhält.

> **VO (EU) Nr. 165/2014**

(5) Die zuständigen Behörden der Mitgliedstaaten übermitteln der Kommission jährlich – möglichst elektronisch – die Verzeichnisse der zugelassenen Einbaubetriebe und Werkstätten so- wie der ihnen ausgestellten Karten. Die Kommission veröffentlicht diese Verzeichnisse auf ihrer Website.

(6) Die zuständigen Behörden in den Mitgliedstaaten entziehen Einbaubetrieben, Werkstätten und Fahrzeugherstellern, die ihren Pflichten aus dieser Verordnung nicht nachkommen, vorübergehend oder dauerhaft die Zulassung.

Artikel 25
Werkstattkarten

(1) Die Gültigkeitsdauer der Werkstattkarten darf ein Jahr nicht überschreiten. Bei der Erneuerung der Werkstattkarte stellt die zuständige Behörde sicher, dass der Einbaubetrieb, die Werkstatt oder der Fahrzeughersteller die Kriterien gemäß Artikel 24 Absatz 2 erfüllt.

(2) Die zuständige Behörde erneuert eine Werkstattkarte binnen 15 Arbeitstagen nach Eingang eines gültigen Antrags auf Erneuerung und aller erforderlichen Unterlagen. Bei Beschädigung, Fehlfunktion oder Verlust oder Diebstahl der Werkstattkarte stellt die zuständige Behörde binnen fünf Arbeitstagen nach Eingang eines entsprechenden begründeten Antrags eine Ersatzkarte aus. Die zuständigen Behörden führen ein Verzeichnis der verlorenen, gestohlenen und defekten Karten.

(3) Entzieht ein Mitgliedstaat einem Einbaubetrieb, einer Werkstatt oder einem Fahrzeughersteller nach Maßgabe des Artikels 24 die Zulassung, so zieht er auch die diesem/dieser ausgestellten Werkstattkarten ein.

(4) Die Mitgliedstaaten ergreifen alle erforderlichen Maßnahmen, um das Fälschen der den zugelassenen Einbaubetrieben, Werkstätten und Fahrzeugherstellern ausgestellten Werkstattkarten zu verhindern.

KAPITEL V
FAHRERKARTEN

Artikel 26
Ausstellung von Fahrerkarten

(1) Die Fahrerkarte wird dem Fahrer auf seinen Antrag von der zuständigen Behörde des Mitgliedstaats, in dem er seinen gewöhnlichen Wohnsitz hat, ausgestellt. Die Ausstellung erfolgt binnen eines Monats nach Eingang des Antrags und aller erforderlichen Unterlagen bei der zuständigen Behörde.

Anhang

(2) Im Sinne dieses Artikels gilt als „gewöhnlicher Wohnsitz" der Ort, an dem eine Person wegen persönlicher und beruflicher Bindungen oder – im Falle einer Person ohne berufliche Bindungen – wegen persönlicher Bindungen, die enge Beziehungen zwischen der Person und dem Wohnort erkennen lassen, gewöhnlich, d.h. während mindestens 185 Tagen im Kalenderjahr, wohnt.

Jedoch gilt als gewöhnlicher Wohnsitz einer Person, deren berufliche Bindungen an einem anderen Ort als dem seiner persönlichen Bindungen liegen und die daher veranlasst ist, sich abwechselnd an verschiedenen Orten in zwei oder mehr Mitgliedstaaten aufzuhalten, der Ort ihrer persönlichen Bindungen, sofern sie regelmäßig dorthin zurückkehrt. Letzteres ist nicht erforderlich, wenn sich die Person in einem Mitgliedstaat zur Ausführung eines Auftrags von bestimmter Dauer aufhält.

(3) Die Fahrer erbringen den Nachweis über ihren gewöhnlichen Wohnsitz anhand aller geeigneten Mittel, insbesondere des Personalausweises oder jedes anderen beweiskräftigen Dokuments. Bestehen bei den zuständigen Behörden des Mitgliedstaats, der die Fahrerkarte ausstellt, Zweifel über die Richtigkeit der Angabe des gewöhnlichen Wohnsitzes oder sollen bestimmte spezifische Kontrollen vorgenommen werden, so können diese Behörden zusätzliche Auskünfte oder zusätzliche Belege verlangen.

(4) In hinreichend begründeten Ausnahmefällen können die Mitgliedstaaten einem Fahrer ohne gewöhnlichen Wohnsitz in einem Mitgliedstaat oder in einem Staat, der Vertragspartei des AETR-Übereinkommens ist, eine befristete und nicht erneuerbare Fahrerkarte ausstellen, die für einen Zeitraum von höchstens 185 Tagen gültig ist, sofern dieser Fahrer sich in einem arbeitsrechtlichen Verhältnis mit einem im ausstellenden Mitgliedstaat niedergelassenen Unternehmen befindet und – soweit die Verordnung (EG) Nr. 1072/2009 des Europäischen Parlaments und des Rates[1] gilt – eine Fahrerbescheinigung entsprechend der genannten Verordnung vorlegt.

Die Kommission verfolgt die Anwendung dieses Absatzes fortlaufend anhand der von den Mitgliedstaaten zur Verfügung gestellten Daten. Sie berichtet dem Europäischen Parlament und dem Rat alle zwei Jahre über ihre Erkenntnisse und geht dabei insbesondere der Frage nach, ob sich die befristeten Fahrerkarten negativ auf den Arbeitsmarkt auswirken

---

[1] Verordnung (EG) Nr. 1072/2009 des Europäischen Parlaments und des Rates vom 21. Oktober 2009 über gemeinsame Regeln für den Zugang zum Markt des grenzüberschreitenden Güterkraftverkehrs (ABl. L 300 vom 14. 11. 2009, S. 72).

VO (EU) Nr. 165/2014

und ob befristete Karten einem bestimmten Fahrer gewöhnlich mehrmals ausgestellt werden. Die Kommission kann einen sachdienlichen Gesetzgebungsvorschlag zur Änderung dieses Absatzes unterbreiten.

(5) Die zuständigen Behörden des ausstellenden Mitgliedstaats treffen geeignete Maßnahmen, um sicherzustellen, dass der Antragsteller nicht bereits Inhaber einer gültigen Fahrerkarte ist, und versehen die Fahrerkarte auf sichtbare und sichere Weise mit den persönlichen Daten des Fahrers.

(6) Die Gültigkeitsdauer der Fahrerkarte darf fünf Jahre nicht überschreiten.

(7) Eine gültige Fahrerkarte darf nur entzogen oder ausgesetzt werden, wenn die zuständigen Behörden eines Mitgliedstaats feststellen, dass die Karte gefälscht worden ist, der Fahrer eine Karte verwendet, deren Inhaber er nicht ist, oder die Ausstellung der Karte auf der Grundlage falscher Erklärungen und/oder gefälschter Dokumente erwirkt wurde. Werden solche Maßnahmen zum Entzug oder zur Aussetzung der Gültigkeit der Karte von einem anderen als dem ausstellenden Mitgliedstaat getroffen, so sendet dieser Mitgliedstaat die Karte so bald wie möglich an die Behörden des ausstellenden Mitgliedstaats zurück und teilt die Gründe für den Entzug oder die Aussetzung mit. Dauert die Rücksendung der Karte voraussichtlich mehr als zwei Wochen, so teilt der Mitgliedstaat, der die Aussetzung der Gültigkeit oder den Entzug der Karte vorgenommen hat, dem ausstellenden Mitgliedstaat innerhalb dieser zwei Wochen die Gründe für die Aussetzung oder den Entzug mit.

(7a) Die zuständige Behörde des ausstellenden Mitgliedstaats kann verlangen, dass ein Fahrer die Fahrerkarte durch eine neue ersetzt, wenn das zur Einhaltung der einschlägigen technischen Spezifikationen erforderlich ist.

(8) Die Mitgliedstaaten ergreifen alle erforderlichen Maßnahmen, um das Fälschen von Fahrerkarten zu verhindern.

(9) Dieser Artikel hindert die Mitgliedstaaten nicht daran, eine Fahrerkarte einem Fahrer auszustellen, der seinen gewöhnlichen Wohnsitz in einem Teil des Hoheitsgebiets dieses Mitgliedstaats hat, für den der Vertrag über die Europäische Union und der Vertrag über die Arbeitsweise der Europäischen Union nicht gelten, sofern in diesen Fällen die einschlägigen Bestimmungen dieser Verordnung zur Anwendung kommen.

Anhang

Artikel 27
Benutzung von Fahrerkarten

(1) Die Fahrerkarte ist persönlich und nicht übertragbar.

(2) Ein Fahrer darf nur Inhaber einer einzigen gültigen Fahrerkarte sein und nur seine eigene persönliche Fahrerkarte benutzen. Er darf weder eine defekte noch eine abgelaufene Fahrerkarte benutzen.

Artikel 28
Erneuerung von Fahrerkarten

(1) Ein Fahrer, der die Erneuerung seiner Fahrerkarte wünscht, muss bei den zuständigen Behörden des Mitgliedstaats, in dem er seinen gewöhnlichen Wohnsitz hat, spätestens fünfzehn Arbeitstage vor Ablauf der Gültigkeit der Karte einen entsprechenden Antrag stellen.

(2) Ist bei einer Erneuerung der Mitgliedstaat, in dem der Fahrer seinen gewöhnlichen Wohnsitz hat, ein anderer als der, der die bestehende Fahrerkarte ausgestellt hat, und wurde bei den Behörden des früheren Mitgliedstaats ein Antrag gestellt, die Fahrerkarte zu erneuern, so teilt dieser den Ausstellungsbehörden der bisherigen Karte die genauen Gründe für die Erneuerung mit.

(3) Bei Beantragung der Erneuerung einer Karte, deren Gültigkeitsdauer in Kürze abläuft, stellt die zuständige Behörde vor Ablauf der Gültigkeit eine neue Karte aus, sofern sie den Antrag bis zu der in Absatz 1 genannten Frist erhalten hat.

Artikel 29
Verlorene, gestohlene und defekte Fahrerkarten

(1) Die ausstellende Behörde führt ein Verzeichnis der ausgestellten, gestohlenen, verlorenen und defekten Fahrerkarten, in dem die Fahrerkarten mindestens bis zum Ablauf ihrer Gültigkeitsdauer aufgeführt werden.

(2) Bei Beschädigung oder Fehlfunktion der Fahrerkarte gibt der Fahrer diese Karte der zuständigen Behörde des Mitgliedstaats, in dem er seinen gewöhnlichen Wohnsitz hat, zurück. Der Diebstahl einer Fahrerkarte muss den zuständigen Behörden des Staates, in dem sich der Diebstahl ereignet hat, ordnungsgemäß gemeldet werden.

(3) Der Verlust einer Fahrerkarte muss den zuständigen Behörden des ausstellenden Mitgliedstaats sowie, falls es sich nicht um denselben Staat handelt, den zuständigen Behörden des Mitgliedstaats, in dem der

Fahrer seinen gewöhnlichen Wohnsitz hat, ordnungsgemäß gemeldet werden.

(4) Bei Beschädigung, Fehlfunktion, Verlust oder Diebstahl der Fahrerkarte muss der Fahrer bei den zuständigen Behörden des Mitgliedstaats, in dem er seinen gewöhnlichen Wohnsitz hat, binnen sieben Kalendertagen die Ersetzung der Karte beantragen. Diese Behörden stellen binnen acht Arbeitstagen nach Eingang eines entsprechenden begründeten Antrags bei ihnen eine Ersatzkarte aus.

(5) Unter den in Absatz 4 genannten Umständen darf der Fahrer seine Fahrt ohne Fahrerkarte während eines Zeitraums von höchstens 15 Kalendertagen fortsetzen, bzw. während eines längeren Zeitraums, wenn dies für die Rückkehr des Fahrzeugs zu seinem Standort erforderlich ist, sofern der Fahrer nachweisen kann, dass es unmöglich war, die Fahrerkarte während dieses Zeitraums vorzulegen oder zu benutzen.

Artikel 30
Gegenseitige Anerkennung und Umtausch von Fahrerkarten

(1) Von den Mitgliedstaaten ausgestellte Fahrerkarten werden von den Mitgliedstaaten gegenseitig anerkannt.

(2) Hat der Inhaber einer von einem Mitgliedstaat ausgestellten gültigen Fahrerkarte seinen gewöhnlichen Wohnsitz in einem anderen Mitgliedstaat begründet, so kann er den Umtausch seiner Karte gegen eine gleichwertige Fahrerkarte beantragen. Es ist Sache des umtauschenden Mitgliedstaats zu prüfen, ob die vorgelegte Karte noch gültig ist.

(3) Die Mitgliedstaaten, die einen Umtausch vornehmen, senden die einbehaltene Karte den Behörden des ausstellenden Mitgliedstaats zurück und begründen ihr Vorgehen.

(4) Wird eine Fahrerkarte von einem Mitgliedstaat ersetzt oder umgetauscht, so wird dieser Vorgang ebenso wie jeder weitere Ersatz oder Umtausch in dem betreffenden Mitgliedstaat erfasst.

Artikel 31
Elektronischer Austausch von Informationen über Fahrerkarten

(1) Um sicherzustellen, dass der Antragsteller nicht bereits Inhaber einer gültigen Fahrerkarte ist, wie in Artikel 26 ausgeführt, führen die Mitgliedstaaten nationale elektronische Register, in denen sie folgende Informationen über Fahrerkarten – auch über die in Artikel 26 Absatz 4 genannten Fahrerkarten – mindestens bis zum Ablauf der Gültigkeitsdauer der Fahrerkarten speichern:

Anhang

- Name und Vorname des Fahrers,
- Geburtsdatum und, sofern verfügbar, Geburtsort des Fahrers,
- gültige Führerscheinnummer und Ausstellungsland des Führerscheins (falls zutreffend),
- Status der Fahrerkarte,
- Nummer der Fahrerkarte.

(2) Die Mitgliedstaaten treffen alle erforderlichen Maßnahmen, damit die nationalen elektronischen Register vernetzt werden und unionsweit zugänglich sind, und verwenden dazu das in der Empfehlung 2010/19/EU genannte Benachrichtigungssystem TACHOnet oder ein kompatibles System. Im Falle eines kompatiblen Systems muss der Austausch elektronischer Daten mit allen anderen Mitgliedstaaten über das Benachrichtigungssystem TACHOnet möglich sein.

(3) Bei jeder Ausstellung, Ersetzung und erforderlichenfalls Erneuerung einer Fahrerkarte überprüfen die Mitgliedstaaten mittels des elektronischen Datenaustauschs, ob der Fahrer nicht bereits Inhaber einer anderen gültigen Fahrerkarte ist. Dabei dürfen nur die für die Zwecke dieser Überprüfung notwendigen Daten übertragen werden.

(4) Kontrolleuren kann Zugang zu dem elektronischen Register gewährt werden, damit sie den Status der Fahrerkarte überprüfen können.

(5) Die Kommission erlässt Durchführungsrechtsakte zur Festlegung der gemeinsamen Verfahren und Spezifikationen, die für die in Absatz 2 genannte Vernetzung notwendig sind, einschließlich des Datenaustauschformats, der technischen Verfahren für die elektronische Abfrage der nationalen elektronischen Register, der Zugangsverfahren und Sicherheitsvorkehrungen. Diese Durchführungsrechtsakte werden nach dem in Artikel 42 Absatz 3 genannten Prüfverfahren erlassen.

KAPITEL VI
BENUTZUNGSVORSCHRIFTEN

Artikel 32
Ordnungsgemäße Benutzung der Fahrtenschreiber

(1) Das Verkehrsunternehmen und die Fahrer sorgen für das einwandfreie Funktionieren und die ordnungsgemäße Benutzung des digitalen Fahrtenschreibers sowie der Fahrerkarte. Die Verkehrsunternehmen und die Fahrer, die einen analogen Fahrtenschreiber verwenden, stellen das einwandfreie Funktionieren des Fahrtenschreibers und die ordnungsgemäße Benutzung des Schaublatts sicher.

(2) Der digitale Fahrtenschreiber darf nicht so eingestellt werden, dass er automatisch auf eine bestimmte Tätigkeitskategorie umschaltet, wenn der Fahrzeugmotor abgestellt oder die Zündung ausgeschaltet wird, es sei denn, der Fahrer kann die jeweilige Tätigkeitskategorie weiterhin manuell eingeben.

(3) Es ist verboten, die auf dem Schaublatt aufgezeichneten, im Fahrtenschreiber oder auf der Fahrerkarte gespeicherten oder vom Fahrtenschreiber ausgedruckten Daten zu verfälschen, zu verschleiern, zu unterdrücken oder zu vernichten. Verboten ist ebenfalls jede Manipulation am Fahrtenschreiber, am Schaublatt oder an der Fahrerkarte, durch die die Daten und/oder Ausdrucke verfälscht, unterdrückt oder vernichtet werden könnten. Im Fahrzeug darf keine Vorrichtung vorhanden sein, die zu diesem Zweck verwendet werden kann.

(4) Fahrzeuge dürfen nur mit einem einzigen Fahrtenschreiber ausgerüstet sein, außer für die Zwecke der Praxiserprobungen gemäß Artikel 21.

(5) Die Mitgliedstaaten verbieten die Herstellung, den Vertrieb, die Bewerbung und den Verkauf von Geräten, die dafür konstruiert oder bestimmt sind, Fahrtenschreiber zu manipulieren.

Artikel 33
Verantwortlichkeit des Verkehrsunternehmens

(1) Das Verkehrsunternehmen hat verantwortlich dafür zu sorgen, dass seine Fahrer hinsichtlich des ordnungsgemäßen Funktionierens des Fahrtenschreibers angemessen geschult und unterwiesen werden, unabhängig davon, ob dieser digital oder analog ist; es führt regelmäßige Überprüfungen durch, um sicherzustellen, dass seine Fahrer den Fahrtenschreiber ordnungsgemäß verwenden, und gibt seinen Fahrern keinerlei direkte oder indirekte Anreize, die zu einem Missbrauch des Fahrtenschreibers anregen könnten.

Das Verkehrsunternehmen händigt den Fahrern von Fahrzeugen mit einem analogen Fahrtenschreiber eine ausreichende Anzahl Schaublätter aus, wobei es dem persönlichen Charakter dieser Schaublätter, der Dauer des Einsatzes und der Verpflichtung Rechnung trägt, beschädigte oder von einem ermächtigten Kontrolleur eingezogene Schaublätter zu ersetzen. Das Verkehrsunternehmen händigt den Fahrern nur solche Schaublätter aus, die einem genehmigten Muster entsprechen und die sich für das in das Fahrzeug eingebaute Gerät eignen.

Anhang

Ist ein Fahrzeug mit einem digitalen Fahrtenschreiber ausgerüstet, so sorgen das Verkehrsunternehmen und der Fahrer dafür, dass im Falle einer Nachprüfung der Ausdruck von Daten aus dem Fahrtenschreiber unter Berücksichtigung der Dauer des Einsatzes auf Verlangen eines Kontrolleurs ordnungsgemäß erfolgen kann.

(2) Das Verkehrsunternehmen bewahrt die Schaublätter und – sofern Ausdrucke gemäß Artikel 35 erstellt wurden – die Ausdrucke in chronologischer Reihenfolge und in lesbarer Form nach der Benutzung mindestens ein Jahr lang auf und händigt den betreffenden Fahrern auf Verlangen eine Kopie aus. Das Verkehrsunternehmen händigt den betreffenden Fahrern ferner auf Verlangen eine Kopie der von den Fahrerkarten heruntergeladenen Daten sowie Ausdrucke davon aus. Die Schaublätter, die Ausdrucke und die heruntergeladenen Daten sind jedem ermächtigten Kontrolleur auf Verlangen vorzulegen oder auszuhändigen.

(3) Ein Verkehrsunternehmen haftet für Verstöße gegen diese Verordnung, die von Fahrern des Unternehmens bzw. von den Fahrern begangen werden, die ihm zur Verfügung stehen. Die Mitgliedstaaten können diese Haftung jedoch von einem Verstoß des Verkehrsunternehmens gegen Absatz 1 Unterabsatz 1 des vorliegenden Artikels und Artikel 10 Absätze 1 und 2 der Verordnung (EG) Nr. 561/2006 abhängig machen.

Artikel 34
Benutzung von Fahrerkarten und Schaublättern

(1) Die Fahrer benutzen für jeden Tag, an dem sie lenken, ab dem Zeitpunkt, an dem sie das Fahrzeug übernehmen, Schaublätter oder Fahrerkarten. Das Schaublatt oder die Fahrerkarte wird nicht vor dem Ende der täglichen Arbeitszeit entnommen, es sei denn, eine Entnahme ist anderweitig zulässig oder sie ist erforderlich, um nach einer Grenzüberschreitung das Symbol des Landes einzutragen. Schaublätter oder Fahrerkarten dürfen nicht über den Zeitraum, für den sie bestimmt sind, hinaus verwendet werden.

(2) Die Fahrer müssen die Schaublätter oder Fahrerkarten angemessen schützen und dürfen keine angeschmutzten oder beschädigten Schaublätter oder Fahrerkarten verwenden.

(3) Wenn der Fahrer sich nicht im Fahrzeug aufhält und daher nicht in der Lage ist, den in das Fahrzeug eingebauten Fahrtenschreiber zu betätigen, werden die in Absatz 5 Buchstabe b Ziffern ii, iii und iv genannten Zeiträume,

VO (EU) Nr. 165/2014

a) wenn das Fahrzeug mit einem analogen Fahrtenschreiber ausgerüstet ist, von Hand, durch automatische Aufzeichnung oder auf andere Weise lesbar und ohne Verschmutzung des Schaublatts auf dem Schaublatt eingetragen,

b) wenn das Fahrzeug mit einem digitalen Fahrtenschreiber ausgerüstet ist, mittels der manuellen Eingabevorrichtung des Fahrtenschreibers auf der Fahrerkarte eingetragen.

Die Mitgliedstaaten dürfen von den Fahrern nicht die Vorlage von Formularen verlangen, mit denen die Tätigkeit der Fahrer, während sie sich nicht im Fahrzeug aufhalten, bescheinigt wird.

(4) Befindet sich an Bord eines mit einem digitalen Fahrtenschreiber ausgerüsteten Fahrzeugs mehr als ein Fahrer, so stellt jeder Fahrer sicher, dass seine Fahrerkarte in den richtigen Steckplatz im Fahrtenschreiber eingeschoben ist.

Befindet sich an Bord eines mit einem analogen Fahrtenschreiber ausrüsteten Fahrzeugs mehr als ein Fahrer, nehmen die Fahrer auf den Schaublättern erforderliche Änderungen so vor, dass die relevanten Angaben auf dem Schaublatt des Fahrers, der tatsächlich lenkt, aufgezeichnet werden.

(5) Die Fahrer

a) achten darauf, dass die Zeitmarkierung auf dem Schaublatt mit der gesetzlichen Zeit des Landes übereinstimmt, in dem das Fahrzeug zugelassen ist,

b) betätigen die Schaltvorrichtung des Kontrollgeräts so, dass folgende Zeiten getrennt und unterscheidbar aufgezeichnet werden:

   i) unter dem Zeichen ⊕: die Lenkzeiten,

   ii) unter dem Zeichen ✕: „andere Arbeiten", das sind alle anderen Tätigkeiten als die Lenktätigkeit im Sinne von Artikel 3 Buchstabe a der Richtlinie 2002/15/EG sowie jegliche Arbeit für denselben oder einen anderen Arbeitgeber, sei es innerhalb oder außerhalb des Verkehrssektors,

   iii) unter dem Zeichen ▨: „Bereitschaftszeit" im Sinne von Artikel 3 Buchstabe b der Richtlinie 2002/15/EG,

   iv) unter dem Zeichen 🛏: Fahrtunterbrechungen, Ruhezeiten, Jahresurlaub oder krankheitsbedingte Fehlzeiten,

Anhang

v) unter dem Zeichen für „Fähre/Zug": Zusätzlich zu dem Zeichen 🛏: die Ruhezeiten an Bord eines Fährschiffs oder Zuges gemäß Artikel 9 der Verordnung (EG) Nr. 561/2006.

(6) Jeder Fahrer eines mit einem analogen Fahrtenschreiber ausgestatteten Fahrzeugs trägt auf dem Schaublatt folgende Angaben ein:

a) bei Beginn der Benutzung des Schaublatts: seinen Namen und Vornamen,

b) bei Beginn und am Ende der Benutzung des Schaublatts: den Zeitpunkt und den Ort,

c) das amtliche Kennzeichen des Fahrzeugs, das dem Fahrer zugewiesen ist, und zwar vor der ersten auf dem Schaublatt verzeichneten Fahrt und in der Folge im Falle des Fahrzeugwechsels während der Benutzung des Schaublatts,

d) den Stand des Kilometerzählers:

   i) vor der ersten auf dem Schaublatt verzeichneten Fahrt,

   ii) am Ende der letzten auf dem Schaublatt verzeichneten Fahrt,

   iii) im Falle des Fahrzeugwechsels während des Arbeitstags den Zählerstand des ersten Fahrzeugs, das dem Fahrer zugewiesen war, und den Zählerstand des nächsten Fahrzeugs,

e) gegebenenfalls die Uhrzeit des Fahrzeugwechsels,

f) das Symbol des Landes, in dem die tägliche Arbeitszeit beginnt bzw. endet. Der Fahrer trägt das Symbol des Landes ein, in das er nach Überqueren einer Grenze eines Mitgliedstaats einreist, und zwar zu Beginn seines ersten Halts in diesem Mitgliedstaat. Der erste Halt erfolgt auf dem nächstmöglichen Halteplatz an oder nach der Grenze. Wird die Grenze eines Mitgliedstaats mit dem Fährschiff oder der Eisenbahn überquert, so gibt er das Symbol des Landes im Ankunftshafen oder -bahnhof ein.

(7) Der Fahrer gibt in den digitalen Fahrtenschreiber das Symbol des Landes ein, in dem die tägliche Arbeitszeit begann bzw. endete.

Ab dem 2. Februar 2022 gibt der Fahrer auch das Symbol des Landes ein, in das er nach Überqueren einer Grenze eines Mitgliedstaats einreist, und zwar zu Beginn seines ersten Halts in diesem Mitgliedstaat. Der erste Halt erfolgt auf dem nächstmöglichen Halteplatz an oder nach der Grenze. Wird die Grenze eines Mitgliedstaats mit dem Fährschiff oder der Eisenbahn überquert, so gibt er das Symbol des Landes im Ankunftshafen oder -bahnhof ein.

Die Mitgliedstaaten können den Fahrern von Fahrzeugen, die einen innerstaatlichen Transport in ihrem Hoheitsgebiet durchführen, vorschreiben, dem Symbol des Landes genauere geografische Angaben hinzuzufügen, sofern die betreffenden Mitgliedstaaten diese genaueren geografischen Angaben der Kommission vor dem 1. April 1998 mitgeteilt hatten.

Die Fahrer brauchen die Angaben nach Unterabsatz 1 nicht zu machen, wenn der Fahrtenschreiber Standortdaten gemäß Artikel 8 automatisch aufzeichnet.

Artikel 35
Beschädigte Fahrerkarten und Schaublätter

(1) Wird ein Schaublatt, das Aufzeichnungen enthält, oder eine Fahrerkarte beschädigt, so müssen die Fahrer das beschädigte Schaublatt oder die beschädigte Fahrerkarte dem ersatzweise verwendeten Reserveblatt beifügen.

(2) Bei Beschädigung, Fehlfunktion, Verlust oder Diebstahl der Fahrerkarte muss der Fahrer

a) zu Beginn seiner Fahrt die Angaben über das von ihm gelenkte Fahrzeug ausdrucken und in den Ausdruck

   i) die Angaben eintragen, mit denen der Fahrer identifiziert werden kann (Name, Nummer der Fahrerkarte oder des Führerscheins), und seine Unterschrift anbringen,

   ii) die in Artikel 34 Absatz 5 Buchstabe b Ziffern ii, iii und iv genannten Zeiten eintragen,

b) am Ende seiner Fahrt die Angaben über die vom Fahrtenschreiber aufgezeichneten Zeiten ausdrucken, die vom Fahrtenschreiber nicht erfassten Zeiten vermerken, in denen er seit dem Erstellen des Ausdrucks bei Fahrtantritt andere Arbeiten ausgeübt hat, Bereitschaft hatte oder eine Ruhepause eingelegt hat, und auf diesem Dokument die Angaben eintragen, mit denen der Fahrer identifiziert werden kann (Name, Nummer der Fahrerkarte oder des Führerscheins), und seine Unterschrift anbringen.

Anhang

Artikel 36
Vom Fahrer mitzuführende Aufzeichnungen

(1) Lenkt der Fahrer ein Fahrzeug, das mit einem analogen Fahrtenschreiber ausgerüstet ist, so muss er einem ermächtigten Kontrolleur auf Verlangen jederzeit Folgendes vorlegen können:

i)* die Schaublätter für den laufenden Tag und die vom Fahrer an den vorherigen 28 Tagen verwendeten Schaublätter,

ii) die Fahrerkarte, falls er Inhaber einer solchen Karte ist, und

iii)* alle am laufenden Tag und an den vorherigen 28 Tagen erstellten handschriftlichen Aufzeichnungen und Ausdrucke, die gemäß der vorliegenden Verordnung und der Verordnung (EG) Nr. 561/2006 vorgeschrieben sind.

(2) Lenkt der Fahrer ein Fahrzeug, das mit einem digitalen Fahrtenschreiber ausgerüstet ist, so muss er einem ermächtigten Kontrolleur auf Verlangen jederzeit Folgendes vorlegen können:

i) seine Fahrerkarte,

ii)* alle am laufenden Tag und an den vorherigen 28 Tagen erstellten handschriftlichen Aufzeichnungen und Ausdrucke, die gemäß der vorliegenden Verordnung und der Verordnung (EG) Nr. 561/2006 vorgeschrieben sind,

iii) die Schaublätter für den Zeitraum gemäß Ziffer ii, falls er in dieser Zeit ein Fahrzeug gelenkt hat, das mit einem analogen Fahrtenschreiber ausgerüstet ist.

(3) Ein ermächtigter Kontrolleur kann die Einhaltung der Verordnung (EG) Nr. 561/ 2006 überprüfen, indem er die Schaublätter, die vom Fahrtenschreiber oder auf der Fahrerkarte gespeicherten Daten (mittels Anzeige, Ausdruck oder Herunterladen) oder anderenfalls jedes andere beweiskräftige Dokument, das die Nichteinhaltung einer Bestimmung

---

Artikel 36 Absatz 1 Ziffer i) und iii) sowie Absatz 2 Ziffer ii)
Ab 31. Dezember 2024 gültige Fassungen:

Abs. 1 Ziff. i) die Schaublätter für den laufenden Tag und die vorausgehenden 56 Tage,

Abs. 1 Ziff. iii) alle am laufenden Tag und an den vorausgehenden 56 Tagen erstellten handschriftlichen Aufzeichnungen und Ausdrucke.

Abs. 2 Ziff. ii) alle am laufenden Tag und an den vorausgehenden 56 Tagen erstellten handschriftlichen Aufzeichnungen und Ausdrucke.

wie etwa des Artikels 29 Absatz 2 und des Artikels 37 Absatz 2 dieser Verordnung belegt, analysiert.

Artikel 37
Verfahren bei einer Fehlfunktion des Gerätes

(1) Bei Betriebsstörung oder Fehlfunktion des Fahrtenschreibers muss das Verkehrsunternehmen die Reparatur, sobald die Umstände dies gestatten, von einem zugelassenen Einbaubetrieb oder einer zugelassenen Werkstatt durchführen lassen.

Kann die Rückkehr zum Standort des Verkehrsunternehmens erst nach mehr als einer Woche nach dem Tag des Eintritts der Betriebsstörung oder der Feststellung der Fehlfunktion erfolgen, so ist die Reparatur unterwegs vorzunehmen.

In den gemäß Artikel 41 getroffenen Maßnahmen ermächtigen die Mitgliedstaaten die zuständigen Behörden dazu, die Benutzung des Fahrzeugs zu untersagen, wenn eine Betriebsstörung oder Fehlfunktion nicht gemäß Unterabsatz 1 oder 2 des vorliegenden Absatzes behoben wird, sofern dies mit den nationalen Rechtsvorschriften des betreffenden Mitgliedstaats im Einklang steht.

(2) Während einer Betriebsstörung oder bei Fehlfunktion des Fahrtenschreibers vermerkt der Fahrer die Angaben, mit denen er identifiziert werden kann (Name, Nummer seiner Fahrerkarte oder seines Führerscheins), zusammen mit seiner Unterschrift sowie die vom Fahrtenschreiber nicht mehr ordnungsgemäß aufgezeichneten oder ausgedruckten Angaben über die verschiedenen Zeiten

a) auf dem Schaublatt bzw. den Schaublättern oder

b) auf einem besonderen Blatt, das dem Schaublatt oder der Fahrerkarte beigefügt wird.

KAPITEL VII
DURCHSETZUNG UND SANKTIONEN

Artikel 38
Kontrolleure

(1) Um die Einhaltung dieser Verordnung wirksam zu überwachen, werden die ermächtigten Kontrolleure mit ausreichender Ausrüstung und angemessenen gesetzlichen Befugnissen ausgestattet, damit sie ihren Aufgaben gemäß dieser Verordnung nachkommen können. Zu dieser Ausrüstung gehören insbesondere:

a) Kontrollkarten, die den Zugang zu Daten ermöglichen, die auf dem Fahrtenschreiber und auf den Fahrtenschreiberkarten sowie optional auf der Werkstattkarte aufgezeichnet sind,

b) die Instrumente, die erforderlich sind, um Datendateien der Fahrzeugeinheit und der Fahrtenschreiberkarten herunterzuladen und um derartige Datendateien und vom digitalen Fahrtenschreiber ausgedruckte Daten zusammen mit Schaublättern oder Tabellen vom analogen Fahrtenschreiber analysieren zu können.

(2) Wenn Kontrolleure bei einer Überprüfung genügend Hinweise feststellen, die einen begründeten Betrugsverdacht nahelegen, sind sie befugt, das Fahrzeug zu einer zugelassenen Werkstatt zu schicken, wo weitere Kontrollen vorgenommen werden, um insbesondere zu überprüfen, dass

a) der Fahrtenschreiber ordnungsgemäß funktioniert,

b) der Fahrtenschreiber die Daten korrekt aufzeichnet und speichert und die Kalibrierungsparameter korrekt sind.

(3) Die Kontrolleure sind befugt, zugelassene Werkstätten aufzufordern, die in Absatz 2 genannte Kontrolle sowie spezielle Kontrollen vorzunehmen, die darauf ausgerichtet sind, das Vorhandensein von Manipulationsgeräten festzustellen. Werden Manipulationsgeräte festgestellt, so können die Fahrtenschreiber einschließlich des Gerätes selbst, die Fahrzeugeinheit oder ihre Bestandteile sowie die Fahrerkarte aus dem Fahrzeug entfernt und entsprechend den nationalen Verfahrensregeln für die Behandlung von Beweismaterial als Beweisstücke verwendet werden.

(4) Die Kontrolleure machen gegebenenfalls von der Möglichkeit Gebrauch, während einer Kontrolle des Sitzes des Unternehmens Fahrtenschreiber und Fahrerkarten zu überprüfen, die sich vor Ort befinden.

Artikel 39
Aus- und Fortbildung der Kontrolleure

(1) Die Mitgliedstaaten stellen sicher, dass die Kontrolleure für die Analyse der aufgezeichneten Daten und die Überprüfung des Fahrtenschreibers ordnungsgemäß geschult sind, um eine effiziente und harmonisierte Kontrolle und Rechtsdurchsetzung zu erreichen.

(2) Die Mitgliedstaaten teilen der Kommission bis 2. September 2016 die für ihre Kontrolleure geltenden Aus- und Fortbildungsanforderungen mit.

VO (EU) Nr. 165/2014

(3) Die Kommission erlässt im Wege von Durchführungsrechtsakten Vorschriften, in denen der Inhalt der Grundausbildung und Fortbildung der Kontrolleure einschließlich der Ausbildung in Techniken für die gezielte Kontrolle und die Feststellung von Manipulationsgeräten und Betrug präzisiert wird. Diese Maßnahmen beinhalten Leitlinien zur Erleichterung der Durchführung der einschlägigen Bestimmungen dieser Verordnung und der Verordnung (EG) Nr. 561/2006. Diese Durchführungsrechtsakte werden nach dem in Artikel 42 Absatz 3 genannten Prüfverfahren erlassen.

(4) Die Mitgliedstaaten nehmen den von der Kommission präzisierten Inhalt in die Aus- und Fortbildung der Kontrolleure auf.

Artikel 40
Gegenseitige Amtshilfe

Die Mitgliedstaaten gewähren einander Beistand im Hinblick auf die Anwendung dieser Verordnung und die Überwachung der Anwendung.

Im Rahmen dieser Amtshilfe sind die zuständigen Behörden der Mitgliedstaaten insbesondere gehalten, sich einander regelmäßig alle verfügbaren Informationen über Verstöße gegen diese Verordnung in Bezug auf Einbaubetriebe und Werkstätten, Arten von Manipulationsverfahren und die wegen solcher Verstöße verhängten Strafen zu übermitteln.

Artikel 41
Sanktionen

(1) Die Mitgliedstaaten erlassen in Einklang mit den nationalen Verfassungsbestimmungen Vorschriften über die bei einem Verstoß gegen diese Verordnung zu verhängenden Sanktionen und treffen alle erforderlichen Maßnahmen, damit diese Sanktionen angewandt werden. Diese Sanktionen müssen wirksam, verhältnismäßig und abschreckend sein und dürfen nicht diskriminierend sein, sie müssen ferner den in der Richtlinie 2006/22/EG festgelegten Kategorien von Verstößen entsprechen.

(2) Die Mitgliedstaaten teilen der Kommission diese Maßnahmen und die Vorschriften für Sanktionen bis 2. März 2016 mit. Sie teilen der Kommission jede spätere Änderung dieser Maßnahmen mit.

KAPITEL VIII
SCHLUSSBESTIMMUNGEN

Artikel 42
Ausschuss

(1) Die Kommission wird von einem Ausschuss unterstützt. Dabei handelt es sich um einen Ausschuss im Sinne der Verordnung (EU) Nr. 182/2011.

(2) Wird auf diesen Absatz Bezug genommen, so gilt Artikel 4 der Verordnung (EU) Nr. 182/2011.

(3) Wird auf diesen Absatz Bezug genommen, so gilt Artikel 5 der Verordnung (EU) Nr. 182/2011.

Gibt der Ausschuss keine Stellungnahme ab, so erlässt die Kommission den Durchführungsrechtsakt nicht und Artikel 5 Absatz 4 Unterabsatz 3 der Verordnung (EU) Nr. 182/2011 findet Anwendung.

Wird die Stellungnahme des Ausschusses in einem schriftlichen Verfahren eingeholt, so wird das Verfahren ohne Ergebnis abgeschlossen, wenn der Vorsitz dies innerhalb der Frist für die Abgabe der Stellungnahme beschließt oder eine einfache Mehrheit der Ausschussmitglieder es verlangt.

Artikel 43
Fahrtenschreiberforum

(1) Ein Fahrtenschreiberforum wird eingerichtet, um den Dialog über technische Angelegenheiten in Bezug auf Fahrtenschreiber zwischen Fachleuten aus den Mitgliedstaaten, Mitgliedern des Ausschusses nach Artikel 42 und Fachleuten aus den Drittländern zu fördern, die Fahrtenschreiber entsprechend dem AETR-Übereinkommen verwenden.

(2) Die Mitgliedstaaten sollten die an dem Ausschuss nach Artikel 42 beteiligten Fachleute als Fachleute in das Fahrtenschreiberforum entsenden.

(3) Das Fahrtenschreiberforum steht für die Beteiligung von Fachleuten aus interessierten Drittstaaten, die Vertragsparteien des AETR-Übereinkommens sind, offen.

(4) Zum Fahrtenschreiberforum werden Beteiligte, Vertreter der Fahrzeughersteller, Fahrtenschreiberhersteller, Sozialpartner und der Europäische Datenschutzbeauftragte eingeladen.

(5) Das Fahrtenschreiberforum gibt sich eine Geschäftsordnung.

(6) Das Fahrtenschreiberforum tritt mindestens einmal jährlich zusammen.

Artikel 44
Mitteilung der innerstaatlichen Vorschriften

Die Mitgliedstaaten teilen der Kommission den Wortlaut der Rechts- und Verwaltungsvorschriften mit, die sie auf dem unter diese Verordnung fallenden Gebiet erlassen, und zwar spätestens 30 Tage nach ihrer Annahme und erstmals bis 2. März 2015.

Artikel 45
Änderung der Verordnung (EG) Nr. 561/2006

Die Verordnung (EG) Nr. 561/2006 wird wie folgt geändert:

1. In Artikel 3 wird nach Buchstabe a der folgende Buchstabe eingefügt:

    „aa) Fahrzeuge oder Fahrzeugkombinationen mit einer zulässigen Höchstmasse von nicht mehr als 7,5 t, die zur Beförderung von Material, Ausrüstungen oder Maschinen benutzt werden, die der Fahrer zur Ausübung seines Berufes benötigt, und die nur in einem Umkreis von 100 km vom Standort des Unternehmens und unter der Bedingung benutzt werden, dass das Lenken des Fahrzeugs für den Fahrer nicht die Haupttätigkeit darstellt."

2. Artikel 13 Absatz 1 wird wie folgt geändert:

    a) In den Buchstaben d, f und p wird „50 km" durch „100 km" ersetzt.

    b) Buchstabe d Absatz 1 erhält folgende Fassung:

    „d) Fahrzeuge oder Fahrzeugkombinationen mit einer zulässigen Höchstmasse von nicht mehr als 7,5 t, die von Universaldienstanbietern im Sinne des Artikels 2 Absatz 13 der Richtlinie 97/67/EG des Europäischen Parlaments und des Rates vom 15. Dezember 1997 über gemeinsame Vorschriften für die Entwicklung des Binnenmarktes der Postdienste der Gemeinschaft und die Verbesserung der Dienstequalität[1] zum Zweck der Zustellung von Sendungen im Rahmen des Universaldienstes benutzt werden."

---

[1] ABl. L 15 vom 21. 1. 1998, S. 14.

Anhang

Artikel 46
Übergangsmaßnahmen

Sofern die Durchführungsrechtsakte, auf die in dieser Verordnung Bezug genommen wird, nicht rechtzeitig erlassen wurden, dass sie zum Zeitpunkt der Anwendung dieser Verordnung angewendet werden können, gelten weiter vorübergehend die Vorschriften der Verordnung (EWG) Nr. 3821/85 einschließlich des Anhangs IB bis zum Zeitpunkt der Anwendung der Durchführungsrechtsakte, auf die in dieser Verordnung Bezug genommen wird.

Artikel 47
Aufhebung

Die Verordnung (EWG) Nr. 3821/85 wird aufgehoben. Verweise auf die aufgehobene Verordnung gelten als Verweise auf die vorliegende Verordnung.

Artikel 48
Inkrafttreten

Diese Verordnung tritt am Tag nach ihrer Veröffentlichung im *Amtsblatt der Europäischen Union* in Kraft.

Sie gilt vorbehaltlich der Übergangsmaßnahmen gemäß Artikel 46 ab 2. März 2016. Die Artikel 24, 34 und 45 gelten jedoch ab dem 2. März 2015.

Diese Verordnung ist in allen ihren Teilen verbindlich und gilt unmittelbar in jedem Mitgliedstaat.

Geschehen zu Straßburg am 4. Februar 2014.

VO (EU) Nr. 165/2014

Anhang

Arbeitszeitgesetz (ArbZG)

vom 6. Juni 1994
BGBl I 1994, S. 1170, 1171
zuletzt geändert durch Art. 6 des Gesetzes
v. 22.12.2020 BGBl. I S. 3334

**ERSTER ABSCHNITT
ALLGEMEINE VORSCHRIFTEN**

§ 1
Zweck des Gesetzes

Zweck des Gesetzes ist es,

1. die Sicherheit und den Gesundheitsschutz der Arbeitnehmer in der Bundesrepublik Deutschland und in der ausschließlichen Wirtschaftszone bei der Arbeitszeitgestaltung zu gewährleisten und die Rahmenbedingungen für flexible Arbeitszeiten zu verbessern sowie

2. den Sonntag und die staatlich anerkannten Feiertage als Tage der Arbeitsruhe und der seelischen Erhebung der Arbeitnehmer zu schützen.

§ 2
Begriffsbestimmungen

(1) Arbeitszeit im Sinne dieses Gesetzes ist die Zeit vom Beginn bis zum Ende der Arbeit ohne die Ruhepausen; Arbeitszeiten bei mehreren Arbeitgebern sind zusammenzurechnen. Im Bergbau unter Tage zählen die Ruhepausen zur Arbeitszeit.

(2) Arbeitnehmer im Sinne dieses Gesetzes sind Arbeiter und Angestellte sowie die zu ihrer Berufsbildung Beschäftigten.

(3) Nachtzeit im Sinne dieses Gesetzes ist die Zeit von 23 bis 6 Uhr, in Bäckereien und Konditoreien die Zeit von 22 bis 5 Uhr.

(4) Nachtarbeit im Sinne dieses Gesetzes ist jede Arbeit, die mehr als zwei Stunden der Nachtzeit umfasst.

(5) Nachtarbeitnehmer im Sinne dieses Gesetzes sind Arbeitnehmer, die

1. auf Grund ihrer Arbeitszeitgestaltung normalerweise Nachtarbeit in Wechselschicht zu leisten haben oder

2. Nachtarbeit an mindestens 48 Tagen im Kalenderjahr leisten.

ArbZG

ZWEITER ABSCHNITT
WERKTÄGLICHE ARBEITSZEIT UND ARBEITSFREIE ZEITEN

§ 3
Arbeitszeit der Arbeitnehmer

Die werktägliche Arbeitszeit der Arbeitnehmer darf acht Stunden nicht überschreiten. Sie kann auf bis zu zehn Stunden nur verlängert werden, wenn innerhalb von sechs Kalendermonaten oder innerhalb von 24 Wochen im Durchschnitt acht Stunden werktäglich nicht überschritten werden.

§ 4
Ruhepausen

Die Arbeit ist durch im voraus feststehende Ruhepausen von mindestens 30 Minuten bei einer Arbeitszeit von mehr als sechs bis zu neun Stunden und 45 Minuten bei einer Arbeitszeit von mehr als neun Stunden insgesamt zu unterbrechen. Die Ruhepausen nach Satz 1 können in Zeitabschnitte von jeweils mindestens 15 Minuten aufgeteilt werden. Länger als sechs Stunden hintereinander dürfen Arbeitnehmer nicht ohne Ruhepause beschäftigt werden.

§ 5
Ruhezeit

(1) Die Arbeitnehmer müssen nach Beendigung der täglichen Arbeitszeit eine ununterbrochene Ruhezeit von mindestens elf Stunden haben.

(2) Die Dauer der Ruhezeit des Absatzes 1 kann in Krankenhäusern und anderen Einrichtungen zur Behandlung, Pflege und Betreuung von Personen, in Gaststätten und anderen Einrichtungen zur Bewirtung und Beherbergung, in Verkehrsbetrieben, beim Rundfunk sowie in der Landwirtschaft und in der Tierhaltung um bis zu eine Stunde verkürzt werden, wenn jede Verkürzung der Ruhezeit innerhalb eines Kalendermonats oder innerhalb von vier Wochen durch Verlängerung einer anderen Ruhezeit auf mindestens zwölf Stunden ausgeglichen wird.

(3) Abweichend von Absatz 1 können in Krankenhäusern und anderen Einrichtungen zur Behandlung, Pflege und Betreuung von Personen Kürzungen der Ruhezeit durch Inanspruchnahmen während der Rufbereitschaft, die nicht mehr als die Hälfte der Ruhezeit betragen, zu anderen Zeiten ausgeglichen werden.

§ 6
Nacht- und Schichtarbeit

(1) Die Arbeitszeit der Nacht- und Schichtarbeitnehmer ist nach den gesicherten arbeitswissenschaftlichen Erkenntnissen über die menschengerechte Gestaltung der Arbeit festzulegen.

(2) Die werktägliche Arbeitszeit der Nachtarbeitnehmer darf acht Stunden nicht überschreiten. Sie kann auf bis zu zehn Stunden nur verlängert werden, wenn abweichend von § 3 innerhalb von einem Kalendermonat oder innerhalb von vier Wochen im Durchschnitt acht Stunden werktäglich nicht überschritten werden. Für Zeiträume, in denen Nachtarbeitnehmer im Sinne des § 2 Abs. 5 Nr. 2 nicht zur Nachtarbeit herangezogen werden, findet § 3 Satz 2 Anwendung.

(3) Nachtarbeitnehmer sind berechtigt, sich vor Beginn der Beschäftigung und danach in regelmäßigen Zeitabständen von nicht weniger als drei Jahren arbeitsmedizinisch untersuchen zu lassen. Nach Vollendung des 50. Lebensjahres steht Nachtarbeitnehmern dieses Recht in Zeitabständen von einem Jahr zu. Die Kosten der Untersuchungen hat der Arbeitgeber zu tragen, sofern er die Untersuchungen den Nachtarbeitnehmern nicht kostenlos durch einen Betriebsarzt oder einen überbetrieblichen Dienst von Betriebsärzten anbietet.

(4) Der Arbeitgeber hat den Nachtarbeitnehmer auf dessen Verlangen auf einen für ihn geeigneten Tagesarbeitsplatz umzusetzen, wenn

a) nach arbeitsmedizinischer Feststellung die weitere Verrichtung von Nachtarbeit den Arbeitnehmer in seiner Gesundheit gefährdet oder

b) im Haushalt des Arbeitnehmers ein Kind unter zwölf Jahren lebt, das nicht von einer anderen im Haushalt lebenden Person betreut werden kann, oder

c) der Arbeitnehmer einen schwerpflegebedürftigen Angehörigen zu versorgen hat, der nicht von einem anderen im Haushalt lebenden Angehörigen versorgt werden kann,

sofern dem nicht dringende betriebliche Erfordernisse entgegenstehen. Stehen der Umsetzung des Nachtarbeitnehmers auf einen für ihn geeigneten Tagesarbeitsplatz nach Auffassung des Arbeitgebers dringende betriebliche Erfordernisse entgegen, so ist der Betriebs- oder Personalrat zu hören. Der Betriebs- oder Personalrat kann dem Arbeitgeber Vorschläge für eine Umsetzung unterbreiten.

(5) Soweit keine tarifvertraglichen Ausgleichsregelungen bestehen, hat der Arbeitgeber dem Nachtarbeitnehmer für die während der Nachtzeit

ArbZG

geleisteten Arbeitsstunden eine angemessene Zahl bezahlter freier Tage oder einen angemessenen Zuschlag auf das ihm hierfür zustehende Bruttoarbeitsentgelt zu gewähren.

(6) Es ist sicherzustellen, dass Nachtarbeitnehmer den gleichen Zugang zur betrieblichen Weiterbildung und zu aufstiegsfördernden Maßnahmen haben wie die übrigen Arbeitnehmer.

§ 7
Abweichende Regelungen

(1) In einem Tarifvertrag oder auf Grund eines Tarifvertrags in einer Betriebs- oder Dienstvereinbarung kann zugelassen werden,

1. abweichend von § 3
   a) die Arbeitszeit über zehn Stunden werktäglich zu verlängern, wenn in die Arbeitszeit regelmäßig und in erheblichem Umfang Bereitschaft oder Bereitschaftsdienst fällt,
   b) einen anderen Ausgleichszeitraum festzulegen,
2. abweichend von § 4 Satz 2 die Gesamtdauer der Ruhepausen in Schichtbetrieben und Verkehrsbetrieben auf Kurzpausen von angemessener Dauer aufzuteilen,
3. abweichend von § 5 Abs. 1 die Ruhezeit um bis zu zwei Stunden zu kürzen, wenn die Art der Arbeit dies erfordert und die Kürzung der Ruhezeit innerhalb eines festzulegenden Ausgleichszeitraums ausgeglichen wird,
4. abweichend von § 6 Abs. 2
   a) die Arbeitszeit über zehn Stunden werktäglich hinaus zu verlängern, wenn in die Arbeitszeit regelmäßig und in erheblichem Umfang Arbeitsbereitschaft oder Bereitschaftsdienst fällt,
   b) einen anderen Ausgleichszeitraum festzulegen,
5. den Beginn des siebenstündigen Nachtzeitraums des § 2 Abs. 3 auf die Zeit zwischen 22 und 24 Uhr festzulegen.

(2) Sofern der Gesundheitsschutz der Arbeitnehmer durch einen entsprechenden Zeitausgleich gewährleistet wird, kann in einem Tarifvertrag oder auf Grund eines Tarifvertrags in einer Betriebs- oder Dienstvereinbarung ferner zugelassen werden,

1. abweichend von § 5 Abs. 1 die Ruhezeiten bei Rufbereitschaft den Besonderheiten dieses Dienstes anzupassen, insbesondere Kür-

Anhang

zungen der Ruhezeit infolge von Inanspruchnahmen während dieses Dienstes zu anderen Zeiten auszugleichen,

2. die Regelungen der §§ 3, 5 Abs. 1 und § 6 Abs. 2 in der Landwirtschaft der Bestellungs- und Erntezeit sowie den Witterungseinflüssen anzupassen,

3. die Regelungen der §§ 3, 4, 5 Abs. 1 und § 6 Abs. 2 bei der Behandlung, Pflege und Betreuung von Personen der Eigenart dieser Tätigkeit und dem Wohl dieser Personen entsprechend anzupassen,

4. die Regelungen der §§ 3, 4, 5 Abs. 1 und § 6 Abs. 2 bei Verwaltungen und Betrieben des Bundes, der Länder, der Gemeinden und sonstigen Körperschaften, Anstalten und Stiftungen des öffentlichen Rechts sowie bei anderen Arbeitgebern, die der Tarifbindung eines für den öffentlichen Dienst geltenden oder eines im wesentlichen inhaltsgleichen Tarifvertrags unterliegen, der Eigenart der Tätigkeit bei diesen Stellen anzupassen.

(2a) In einem Tarifvertrag oder auf Grund eines Tarifvertrags in einer Betriebs- oder Dienstvereinbarung kann abweichend von den §§ 3, 5 Abs. 1 und § 6 Abs. 2 zugelassen werden, die werktägliche Arbeitszeit auch ohne Ausgleich über acht Stunden zu verlängern, wenn in die Arbeitszeit regelmäßig und in erheblichem Umfang Arbeitsbereitschaft oder Bereitschaftsdienst fällt und durch besondere Regelungen sichergestellt wird, dass die Gesundheit der Arbeitnehmer nicht gefährdet wird.

(3) Im Geltungsbereich eines Tarifvertrags nach Absatz 1, 2 oder 2a können abweichende tarifvertragliche Regelungen im Betrieb eines nicht tarifgebundenen Arbeitgebers durch Betriebs- oder Dienstvereinbarung oder, wenn ein Betriebs- oder Personalrat nicht besteht, durch schriftliche Vereinbarung zwischen dem Arbeitgeber und dem Arbeitnehmer übernommen werden. Können auf Grund eines solchen Tarifvertrags abweichende Regelungen in einer Betriebs- oder Dienstvereinbarung getroffen werden, kann auch in Betrieben eines nicht tarifgebundenen Arbeitgebers davon Gebrauch gemacht werden. Eine nach Absatz 2 Nr. 4 getroffene abweichende tarifvertragliche Regelung hat zwischen nicht tarifgebundenen Arbeitgebern und Arbeitnehmern Geltung, wenn zwischen ihnen die Anwendung der für den öffentlichen Dienst geltenden tarifvertraglichen Bestimmungen vereinbart ist und die Arbeitgeber die Kosten des Betriebs überwiegend mit Zuwendungen im Sinne des Haushaltsrechts decken.

ArbZG

(4) Die Kirchen und die öffentlich-rechtlichen Religionsgesellschaften können die in Absatz 1, 2 oder 2a genannten Abweichungen in ihren Regelungen vorsehen.

(5) In einem Bereich, in dem Regelungen durch Tarifvertrag üblicherweise nicht getroffen werden, können Ausnahmen im Rahmen des Absatzes 1, 2 oder 2a durch die Aufsichtsbehörde bewilligt werden, wenn dies aus betrieblichen Gründen erforderlich ist und die Gesundheit der Arbeitnehmer nicht gefährdet wird.

(6) Die Bundesregierung kann durch Rechtsverordnung mit Zustimmung des Bundesrates Ausnahmen im Rahmen des Absatzes 1 oder 2 zulassen, sofern dies aus betrieblichen Gründen erforderlich ist und die Gesundheit der Arbeitnehmer nicht gefährdet wird.

(7) Auf Grund einer Regelung nach Absatz 2a oder den Absätzen 3 bis 5 jeweils in Verbindung mit Absatz 2a darf die Arbeitszeit nur verlängert werden, wenn der Arbeitnehmer schriftlich eingewilligt hat. Der Arbeitnehmer kann die Einwilligung mit einer Frist von sechs Monaten schriftlich widerrufen. Der Arbeitgeber darf einen Arbeitnehmer nicht benachteiligen, weil dieser die Einwilligung zur Verlängerung der Arbeitszeit nicht erklärt oder die Einwilligung widerrufen hat.

(8) Werden Regelungen nach Absatz 1 Nr. 1 und 4, Absatz 2 Nr. 2 bis 4 oder solche Regelungen auf Grund der Absätze 3 und 4 zugelassen, darf die Arbeitszeit 48 Stunden wöchentlich im Durchschnitt von zwölf Kalendermonaten nicht überschreiten. Erfolgt die Zulassung auf Grund des Absatzes 5, darf die Arbeitszeit 48 Stunden wöchentlich im Durchschnitt von sechs Kalendermonaten oder 24 Wochen nicht überschreiten.

(9) Wird die werktägliche Arbeitszeit über zwölf Stunden hinaus verlängert, muss im unmittelbaren Anschluss an die Beendigung der Arbeitszeit eine Ruhezeit von mindestens elf Stunden gewährt werden.

§ 8
Gefährliche Arbeiten

Die Bundesregierung kann durch Rechtsverordnung mit Zustimmung des Bundesrates für einzelne Beschäftigungsbereiche, für bestimmte Arbeiten oder für bestimmte Arbeitnehmergruppen, bei denen besondere Gefahren für die Gesundheit der Arbeitnehmer zu erwarten sind, die Arbeitszeit über § 3 hinaus beschränken, die Ruhepausen und Ruhezeiten über die §§ 4 und 5 hinaus ausdehnen, die Regelungen zum Schutz der Nacht und Schichtarbeitnehmer in § 6 erweitern und die Abweichungsmöglichkeiten nach § 7 beschränken, soweit dies zum Schutz der Gesundheit der Arbeitnehmer erforderlich ist. Satz 1 gilt nicht für Beschäftigungsbereiche und Arbeiten in Betrieben, die der Bergaufsicht unterliegen.

DRITTER ABSCHNITT
SONN- UND FEIERTAGSRUHE

§ 9
Sonn- und Feiertagsruhe

(1) Arbeitnehmer dürfen an Sonn- und gesetzlichen Feiertagen von 0 bis 24 Uhr nicht beschäftigt werden.

(2) In mehrschichtigen Betrieben mit regelmäßiger Tag- und Nachtschicht kann Beginn oder Ende der Sonn- und Feiertagsruhe um bis zu sechs Stunden vor- oder zurückverlegt werden, wenn für die auf den Beginn der Ruhezeit folgenden 24 Stunden der Betrieb ruht.

(3) Für Kraftfahrer und Beifahrer kann der Beginn der 24stündigen Sonn- und Feiertagsruhe um bis zu zwei Stunden vorverlegt werden.

§ 10
Sonn- und Feiertagsbeschäftigung

(1) Sofern die Arbeiten nicht an Werktagen vorgenommen werden können, dürfen Arbeitnehmer an Sonn- und Feiertagen abweichend von § 9 beschäftigt werden

1. in Not- und Rettungsdiensten sowie bei der Feuerwehr,
2. zur Aufrechterhaltung der öffentlichen Sicherheit und Ordnung sowie der Funktionsfähigkeit von Gerichten und Behörden und für Zwecke der Verteidigung,
3. in Krankenhäusern und anderen Einrichtungen zur Behandlung, Pflege und Betreuung von Personen,
4. in Gaststätten und anderen Einrichtungen zur Bewirtung und Beherbergung sowie im Haushalt,
5. bei Musikaufführungen, Theatervorstellungen, Filmvorführungen, Schaustellungen, Darbietungen und anderen ähnlichen Veranstaltungen,
6. bei nichtgewerblichen Aktionen und Veranstaltungen der Kirchen, Religionsgesellschaften, Verbände, Vereine, Parteien und anderer ähnlicher Vereinigungen,

ArbZG

7. beim Sport und in Freizeit-, Erholungs- und Vergnügungseinrichtungen, beim Fremdenverkehr sowie in Museen und wissenschaftlichen Präsenzbibliotheken,

8. beim Rundfunk, bei der Tages- und Sportpresse, bei Nachrichtenagenturen sowie bei den der Tagesaktualität dienenden Tätigkeiten für andere Presseerzeugnisse einschließlich des Austragens, bei der Herstellung von Satz, Filmen und Druckformen für tagesaktuelle Nachrichten und Bilder, bei tagesaktuellen Aufnahmen auf Ton- und Bildträger sowie beim Transport und Kommissionieren von Presseerzeugnissen, deren Ersterscheinungstag am Montag oder am Tag nach einem Feiertag liegt,

9. bei Messen, Ausstellungen und Märkten im Sinne des Titels IV der Gewerbeordnung sowie bei Volksfesten,

10. in Verkehrsbetrieben sowie beim Transport und Kommissionieren von leichtverderblichen Waren im Sinne des § 30 Abs. 3 Nr. 2 der Straßenverkehrsordnung,

11. in den Energie- und Wasserversorgungsbetrieben sowie in Abfall- und Abwasserentsorgungsbetrieben,

12. in der Landwirtschaft und in der Tierhaltung sowie in Einrichtungen zur Behandlung und Pflege von Tieren,

13. im Bewachungsgewerbe und bei der Bewachung von Betriebsanlagen,

14. bei der Reinigung und Instandhaltung von Betriebseinrichtungen, soweit hierdurch der regelmäßige Fortgang des eigenen oder eines fremden Betriebs bedingt ist, bei der Vorbereitung der Wiederaufnahme des vollen werktägigen Betriebs sowie bei der Aufrechterhaltung der Funktionsfähigkeit von Datennetzen und Rechnersystemen,

15. zur Verhütung des Verderbens von Naturerzeugnissen oder Rohstoffen oder des Misslingens von Arbeitsergebnissen sowie bei kontinuierlich durchzuführenden Forschungsarbeiten,

16. zur Vermeidung einer Zerstörung oder erheblichen Beschädigung der Produktionseinrichtungen.

(2) Abweichend von § 9 dürfen Arbeitnehmer an Sonn- und Feiertagen mit den Produktionsarbeiten beschäftigt werden, wenn die infolge der Unterbrechung der Produktion nach Absatz 1 Nr. 14 zulässigen Arbeiten den Einsatz von mehr Arbeitnehmern als bei durchgehender Produktion erfordern.

(3) Abweichend von § 9 dürfen Arbeitnehmer an Sonn- und Feiertagen in Bäckereien und Konditoreien für bis zu drei Stunden mit der Herstellung und dem Austragen oder Ausfahren von Konditorwaren und an diesem Tag zum Verkauf kommenden Bäckerwaren beschäftigt werden.

(4) Sofern die Arbeiten nicht an Werktagen vorgenommen werden können, dürfen Arbeitnehmer zur Durchführung des Eil- und Großbetragszahlungsverkehrs und des Geld-, Devisen-, Wertpapier- und Derivatehandels abweichend von § 9 Abs. 1 an den auf einen Werktag fallenden Feiertagen beschäftigt werden, die nicht in allen Mitgliedstaaten der Europäischen Union Feiertage sind.

§ 11
Ausgleich für Sonn- und Feiertagsbeschäftigung

(1) Mindestens 15 Sonntage im Jahr müssen beschäftigungsfrei bleiben.

(2) Für die Beschäftigung an Sonn- und Feiertagen gelten die §§ 3 bis 8 entsprechend, jedoch dürfen durch die Arbeitszeit an Sonn- und Feiertagen die in den §§ 3, 6 Abs. 2, §§ 7 und 21a Abs. 4 bestimmten Höchstarbeitszeiten und Ausgleichszeiträume nicht überschritten werden.

(3) Die Sonn- oder Feiertagsruhe des § 9 oder der Ersatzruhetag des Absatzes 3 ist den Arbeitnehmern unmittelbar in Verbindung mit einer Ruhezeit nach § 5 zu gewähren soweit dem technische oder arbeitsorganisatorische Gründe nicht entgegenstehen.

§ 12
Abweichende Regelungen

In einem Tarifvertrag oder auf Grund eines Tarifvertrags in einer Betriebs- oder Dienstvereinbarung kann zugelassen werden,

1. abweichend von § 11 Abs. 1 die Anzahl der beschäftigungsfreien Sonntage in den Einrichtungen des § 10 Abs. 1 Nr. 2, 3, 4 und 10 auf mindestens zehn Sonntage, im Rundfunk, in Theaterbetrieben, Orchestern sowie bei Schaustellungen auf mindestens acht Sonntage, in Filmtheatern und in der Tierhaltung auf mindestens sechs Sonntage im Jahr zu verringern,

2. abweichend von § 11 Abs. 3 den Wegfall von Ersatzruhetagen für auf Werktage fallende Feiertage zu vereinbaren oder Arbeitnehmer innerhalb eines festzulegenden Ausgleichszeitraums beschäftigungsfrei zu stellen,

ArbZG

3. abweichend von § 11 Abs. 1 bis 3 in der Seeschifffahrt die den Arbeitnehmern nach diesen Vorschriften zustehenden freien Tage zusammenhängend zu geben,

4. abweichend von § 11 Abs. 2 die Arbeitszeit in vollkontinuierlichen Schichtbetrieben an Sonn- und Feiertagen auf bis zu zwölf Stunden zu verlängern, wenn dadurch zusätzliche freie Schichten an Sonn- und Feiertagen erreicht werden.

§ 7 Abs. 3 bis 6 findet Anwendung.

§ 13
Ermächtigung, Anordnung, Bewilligung

(1) Die Bundesregierung kann durch Rechtsverordnung mit Zustimmung des Bundesrates zur Vermeidung erheblicher Schäden unter Berücksichtigung des Schutzes der Arbeitnehmer und der Sonn- und Feiertagsruhe

1. die Bereiche mit Sonn und Feiertagsbeschäftigung nach § 10 sowie die dort zugelassenen Arbeiten näher bestimmen,

2. über die Ausnahmen nach § 10 hinaus weitere Ausnahmen abweichend von § 9

   a) für Betriebe, in denen die Beschäftigung von Arbeitnehmern an Sonn- oder Feiertagen zur Befriedigung täglicher oder an diesen Tagen besonders hervortretender Bedürfnisse der Bevölkerung erforderlich ist,

   b) für Betriebe, in denen Arbeiten vorkommen, deren Unterbrechung oder Aufschub

      ba) nach dem Stand der Technik ihrer Art nach nicht oder nur mit erheblichen Schwierigkeiten möglich ist,

      bb) besondere Gefahren für Leben oder Gesundheit der Arbeitnehmer zur Folge hätte,

      bc) zu erheblichen Belastungen der Umwelt oder der Energie- oder Wasserversorgung führen würde,

   c) aus Gründen des Gemeinwohls, insbesondere auch zur Sicherung der Beschäftigung,

   zulassen und die zum Schutz der Arbeitnehmer und der Sonn- und Feiertagsruhe notwendigen Bedingungen bestimmen.

(2) Soweit die Bundesregierung von der Ermächtigung des Absatzes 1 Nr. 2 Buchstabe a keinen Gebrauch gemacht hat, können die Landesregierungen durch Rechtsverordnung entsprechende Bestimmungen erlassen. Die Landesregierungen können diese Ermächtigung durch Rechtsverordnung auf oberste Landesbehörden übertragen.

(3) Die Aufsichtsbehörde kann

1. feststellen, ob eine Beschäftigung nach § 10 zulässig ist,

2. abweichend von § 9 bewilligen, Arbeitnehmer zu beschäftigen

   a) im Handelsgewerbe an bis zu zehn Sonn- und Feiertagen im Jahr, an denen besondere Verhältnisse einen erweiterten Geschäftsverkehr erforderlich machen,

   b) an bis zu fünf Sonn- und Feiertagen im Jahr, wenn besondere Verhältnisse zur Verhütung eines unverhältnismäßigen Schadens dies erfordern,

   c) an einem Sonntag im Jahr zur Durchführung einer gesetzlich vorgeschriebenen Inventur, und Anordnungen über die Beschäftigungszeit unter Berücksichtigung der für den öffentlichen Gottesdienst bestimmten Zeit treffen.

(4) Die Aufsichtsbehörde soll abweichend von § 9 bewilligen, dass Arbeitnehmer an Sonn- und Feiertagen mit Arbeiten beschäftigt werden, die aus chemischen, biologischen, technischen oder physikalischen Gründen einen ununterbrochenen Fortgang auch an Sonn- und Feiertagen erfordern.

(5) Die Aufsichtsbehörde hat abweichend von § 9 die Beschäftigung von Arbeitnehmern an Sonn- und Feiertagen zu bewilligen, wenn bei einer weitgehenden Ausnutzung der gesetzlich zulässigen wöchentlichen Betriebszeiten und bei längeren Betriebszeiten im Ausland die Konkurrenzfähigkeit unzumutbar beeinträchtigt ist und durch die Genehmigung von Sonn- und Feiertagsarbeit die Beschäftigung gesichert werden kann.

VIERTER ABSCHNITT
AUSNAHMEN IN BESONDEREN FÄLLEN

§ 14
Außergewöhnliche Fälle

(1) Von den §§ 3 bis 5, 6 Abs. 2, §§ 7, 9 bis 11 darf abgewichen werden bei vorübergehenden Arbeiten in Notfällen und in außergewöhnlichen

ArbZG

Fällen, die unabhängig vom Willen der Betroffenen eintreten und deren Folgen nicht auf andere Weise zu beseitigen sind, besonders wenn Rohstoffe oder Lebensmittel zu verderben oder Arbeitsergebnisse zu misslingen drohen.

(2) Von den §§ 3 bis 5, 6 Abs. 2, §§ 7, 11 Abs. 1 bis 3 und § 12 darf ferner abgewichen werden,

1. wenn eine verhältnismäßig geringe Zahl von Arbeitnehmern vorübergehend mit Arbeiten beschäftigt wird, deren Nichterledigung das Ergebnis der Arbeiten gefährden oder einen unverhältnismäßigen Schaden zur Folge haben würden,

2. bei Forschung und Lehre, bei unaufschiebbaren Vor- und Abschlussarbeiten sowie bei unaufschiebbaren Arbeiten zur Behandlung, Pflege und Betreuung von Personen oder zur Behandlung und Pflege von Tieren an einzelnen Tagen,

wenn dem Arbeitgeber andere Vorkehrungen nicht zugemutet werden können.

(3) Wird von den Befugnissen nach Absatz 1 oder 2 Gebrauch gemacht, darf die Arbeitszeit 48 Stunden wöchentlich im Durchschnitt von sechs Kalendermonaten oder 24 Wochen nicht überschreiten.

§ 15
Bewilligung, Ermächtigung

(1) Die Aufsichtsbehörde kann

1. eine von den §§ 3, 6 Abs. 2 und § 11 Abs. 2 abweichende längere tägliche Arbeitszeit bewilligen

    a) für kontinuierliche Schichtbetriebe zur Erreichung zusätzlicher Freischichten,

    b) für Bau- und Montagestellen,

2. eine von den §§ 3, 6 Abs. 2 und § 11 Abs. 2 abweichende längere tägliche Arbeitszeit für Saison- und Kampagnebetriebe für die Zeit der Saison oder Kampagne bewilligen, wenn die Verlängerung der Arbeitszeit über acht Stunden werktäglich durch eine entsprechende Verkürzung der Arbeitszeit zu anderen Zeiten ausgeglichen wird,

3. eine von den §§ 5 und 11 Abs. 2 abweichende Dauer und Lage der Ruhezeit bei Arbeitsbereitschaft, Bereitschaftsdienst und Rufbereitschaft den Besonderheiten dieser Inanspruchnahmen im öffentlichen Dienst entsprechend bewilligen,

Anhang

4. eine von den §§ 5 und 11 Abs. 2 abweichende Ruhezeit zur Herbeiführung eines regelmäßigen wöchentlichen Schichtwechsels zweimal innerhalb eines Zeitraums von drei Wochen bewilligen.

(2) Die Aufsichtsbehörde kann über die in diesem Gesetz vorgesehenen Ausnahmen hinaus weitergehende Ausnahmen zulassen, soweit sie im öffentlichen Interesse dringend nötig werden.

(2a) Die Bundesregierung kann durch Rechtsverordnung mit Zustimmung des Bundesrates

1. Ausnahmen von den §§ 3, 4, 5 und 6 Absatz 2 sowie von den §§ 9 und 11 für Arbeitnehmer, die besondere Tätigkeiten zur Errichtung, zur Änderung oder zum Betrieb von Bauwerken, künstlichen Inseln oder sonstigen Anlagen auf See (Offshore-Tätigkeiten) durchführen, zulassen und

2. die zum Schutz der in Nummer 1 genannten Arbeitnehmer sowie der Sonn- und Feiertagsruhe notwendigen Bedingungen bestimmen.

(3) Das Bundesministerium der Verteidigung kann in seinem Geschäftsbereich durch Rechtsverordnung mit Zustimmung des Bundesministeriums für Arbeit und Soziales aus zwingenden Gründen der Verteidigung Arbeitnehmer verpflichten, über die in diesem Gesetz und in den auf Grund dieses Gesetzes erlassenen Rechtsverordnungen und Tarifverträgen festgelegten Arbeitszeitgrenzen und -beschränkungen hinaus Arbeit zu leisten.

(3a) Das Bundesministerium der Verteidigung kann in seinem Geschäftsbereich durch Rechtsverordnung im Einvernehmen mit dem Bundesministerium für Arbeit und Soziales für besondere Tätigkeiten der Arbeitnehmer bei den Streitkräften Abweichungen von in diesem Gesetz sowie von in den auf Grund dieses Gesetzes erlassenen Rechtsverordnungen bestimmten Arbeitszeitgrenzen und -beschränkungen zulassen, soweit die Abweichungen aus zwingenden Gründen erforderlich sind und die größtmögliche Sicherheit und der bestmögliche Gesundheitsschutz der Arbeitnehmer gewährleistet werden.

(4) Werden Ausnahmen nach Absatz 1 oder 2 zugelassen, darf die Arbeitszeit 48 Stunden wöchentlich im Durchschnitt von sechs Kalendermonaten oder 24 Wochen nicht überschreiten.

FÜNFTER ABSCHNITT
DURCHFÜHRUNG DES GESETZES

§ 16
Aushang und Arbeitszeitnachweise

(1) Der Arbeitgeber ist verpflichtet, einen Abdruck dieses Gesetzes, der auf Grund dieses Gesetzes erlassenen, für den Betrieb geltenden Rechtsverordnungen und der für den Betrieb geltenden Tarifverträge und Betriebs- oder Dienstvereinbarungen im Sinne des § 7 Abs. 1 bis 3 und des §§ 12 und 21a Abs. 6 an geeigneter Stelle im Betrieb zur Einsichtnahme auszulegen oder auszuhängen.

(2) Der Arbeitgeber ist verpflichtet, die über die werktägliche Arbeitszeit des § 3 Satz 1 hinausgehende Arbeitszeit der Arbeitnehmer aufzuzeichnen und ein Verzeichnis der Arbeitnehmer zu führen, die in eine Verlängerung der Arbeitszeit gemäß § 7 Abs. 7 eingewilligt haben. Die Nachweise sind mindestens zwei Jahre aufzubewahren.

§ 17
Aufsichtsbehörde

(1) Die Einhaltung dieses Gesetzes und der auf Grund dieses Gesetzes erlassenen Rechtsverordnungen wird von den nach Landesrecht zuständigen Behörden (Aufsichtsbehörden) überwacht.

(2) Die Aufsichtsbehörde kann die erforderlichen Maßnahmen anordnen, die der Arbeitgeber zur Erfüllung der sich aus diesem Gesetz und den auf Grund dieses Gesetzes erlassenen Rechtsverordnungen ergebenden Pflichten zu treffen hat.

(3) Für den öffentlichen Dienst des Bundes sowie für die bundesunmittelbaren Körperschaften, Anstalten und Stiftungen des öffentlichen Rechts werden die Aufgaben und Befugnisse der Aufsichtsbehörde vom zuständigen Bundesministerium oder den von ihm bestimmten Stellen wahrgenommen; das gleiche gilt für die Befugnisse nach § 15 Abs. 1 und 2.

(4) Die Aufsichtsbehörde kann vom Arbeitgeber die für die Durchführung dieses Gesetzes und der auf Grund dieses Gesetzes erlassenen Rechtsverordnungen erforderlichen Auskünfte verlangen. Sie kann ferner vom Arbeitgeber verlangen, die Arbeitszeitnachweise und Tarifverträge oder Betriebs- oder Dienstvereinbarungen im Sinne des § 7 Abs. 1 bis 3 und des §§ 12 und 21a Abs. 6 sowie andere Arbeitszeitnachweise oder Geschäftsunterlagen, die mittelbar oder unmittelbar

Anhang

Auskunft über die Einhaltung des Arbeitszeitgesetzes geben, vorzulegen oder zur Einsicht einzusenden.

(5) Die Beauftragen der Aufsichtsbehörde sind berechtigt, die Arbeitsstätten während der Betriebs- und Arbeitszeit zu betreten und zu besichtigen; außerhalb dieser Zeit oder wenn sich die Arbeitsstätten in einer Wohnung befinden, dürfen sie ohne Einverständnis des Inhabers nur zur Verhütung von dringenden Gefahren für die öffentliche Sicherheit und Ordnung betreten und besichtigt werden. Der Arbeitgeber hat das Betreten und Besichtigen der Arbeitsstätten zu gestatten. Das Grundrecht der Unverletzlichkeit der Wohnung (Artikel 13 des Grundgesetzes) wird insoweit eingeschränkt.

(6) Der zur Auskunft Verpflichtete kann die Auskunft auf solche Fragen verweigern, deren Beantwortung ihn selbst oder einen der in § 383 Abs. 1 Nr. 1 bis 3 der Zivilprozeßordnung bezeichneten Angehörigen der Gefahr strafgerichtlicher Verfolgung oder eines Verfahrens nach dem Gesetz über Ordnungswidrigkeiten aussetzen würde.

SECHSTER ABSCHNITT
SONDERREGELUNGEN

§ 18
Nichtanwendung des Gesetzes

(1) Dieses Gesetz ist nicht anzuwenden auf

1. leitende Angestellte im Sinne des § 5 Abs. 3 des Betriebsverfassungsgesetzes sowie Chefärzte,
2. Leiter von öffentlichen Dienststellen und deren Vertreter sowie Arbeitnehmer im öffentlichen Dienst, die zu selbständigen Entscheidungen in Personalangelegenheiten befugt sind,
3. Arbeitnehmer, die in häuslicher Gemeinschaft mit den ihnen anvertrauten Personen zusammenleben und sie eigenverantwortlich erziehen, pflegen oder betreuen,
4. den liturgischen Bereich der Kirchen und der Religionsgemeinschaften.

(2) Für die Beschäftigung von Personen unter 18 Jahren gilt anstelle dieses Gesetzes das Jugendarbeitsschutzgesetz.

(3) Für die Beschäftigung von Arbeitnehmern als Besatzungsmitglieder auf Kauffahrteischiffen im Sinne des § 3 des Seearbeitsgesetzes gilt anstelle dieses Gesetzes das Seearbeitsgesetz.

§ 19
Beschäftigung im öffentlichen Dienst

Bei der Wahrnehmung hoheitlicher Aufgaben im öffentlichen Dienst können, soweit keine tarifvertragliche Regelung besteht, durch die zuständige Dienstbehörde die für Beamte geltenden Bestimmungen über die Arbeitszeit auf die Arbeitnehmer übertragen werden; insoweit finden die §§ 3 bis 13 keine Anwendung.

§ 20
Beschäftigung in der Luftfahrt

Für die Beschäftigung von Arbeitnehmern als Besatzungsmitglieder von Luftfahrzeugen gelten anstelle der Vorschriften dieses Gesetzes über Arbeits- und Ruhezeiten die Vorschriften über Flug-, Flugdienst- und Ruhezeiten der Zweiten Durchführungsverordnung zur Betriebsordnung für Luftfahrtgerät in der jeweils geltenden Fassung.

§ 21
Beschäftigung in der Binnenschifffahrt

(1) Die Bundesregierung kann durch Rechtsverordnung mit Zustimmung des Bundesrates, auch zur Umsetzung zwischenstaatlicher Vereinbarungen oder Rechtsakten der Europäischen Union, abweichend von den Vorschriften dieses Gesetzes die Bedingungen für die Arbeitszeitgestaltung von Arbeitnehmern, die als Mitglied der Besatzung oder des Bordpersonals an Bord eines Fahrzeugs in der Binnenschifffahrt beschäftigt sind, regeln, soweit dies erforderlich ist, um den besonderen Bedingungen an Bord von Binnenschiffen Rechnung zu tragen. Insbesondere können in diesen Rechtsverordnungen die notwendigen Bedingungen für die Sicherheit und den Gesundheitsschutz im Sinne des § 1, einschließlich gesundheitlicher Untersuchungen hinsichtlich der Auswirkungen der Arbeitszeitbedingungen auf einem Schiff in der Binnenschifffahrt, sowie die notwendigen Bedingungen für den Schutz der Sonn- und Feiertagsruhe bestimmt werden. In Rechtsverordnungen nach Satz 1 kann ferner bestimmt werden, dass von den Vorschriften der Rechtsverordnung durch Tarifvertrag abgewichen werden kann.

(2) Soweit die Bundesregierung von der Ermächtigung des Absatzes 1 keinen Gebrauch macht, gelten die Vorschriften dieses Gesetzes für das Fahrpersonal auf Binnenschiffen, es sei denn, binnenschifffahrtsrechtliche Vorschriften über Ruhezeiten stehen dem entgegen. Bei Anwendung des Satzes 1 kann durch Tarifvertrag von den Vorschriften dieses

Gesetzes abgewichen werden, um der Eigenart der Binnenschifffahrt Rechnung zu tragen.

§ 21a
Beschäftigung im Straßentransport

(1) Für die Beschäftigung von Arbeitnehmern als Fahrer oder Beifahrer bei Straßenverkehrstätigkeiten im Sinne der Verordnung (EWG) Nr. 3820/85 des Rates vom 20. Dezember 1985 über die Harmonisierung bestimmter Sozialvorschriften im Straßenverkehr (ABl. EG Nr. L 370 S. 1, 1986 Nr. L 206 S. 36 oder des Europäischen Übereinkommens über die Arbeit des im internationalen Straßenverkehr beschäftigten Fahrpersonals (AETR) vom 1. Juli 1970 (BGBl. II 1974 S. 1473) in ihren jeweiligen Fassungen gelten die Vorschriften dieses Gesetzes, soweit nicht die folgenden Absätze abweichende Regelungen enthalten. Die Vorschriften der Verordnung (EWG) Nr. 3820/85 und des AETR bleiben unberührt.

(2) Eine Woche im Sinne dieser Vorschriften ist der Zeitraum von Montag 0 Uhr bis Sonntag 24 Uhr.

(3) Abweichend von § 2 Abs. 1 ist keine Arbeitszeit:

1. die Zeit, während derer sich ein Arbeitnehmer am Arbeitsplatz bereithalten muss, um seine Tätigkeit aufzunehmen,
2. die Zeit, während derer sich ein Arbeitnehmer bereithalten muss, um seine Tätigkeit auf Anweisung aufnehmen zu können, ohne sich an seinem Arbeitsplatz aufhalten zu müssen;
3. für Arbeitnehmer, die sich beim Fahren abwechseln, die während der Fahrt neben dem Fahrer oder in einer Schlafkabine verbrachte Zeit.

Für die Zeiten nach Satz 1 Nr. 1 und 2 gilt dies nur, wenn der Zeitraum und dessen voraussichtliche Dauer im Voraus, spätestens unmittelbar vor Beginn des betreffenden Zeitraums bekannt ist. Die in Satz 1 genannten Zeiten sind keine Ruhezeiten. Die in Satz 1 Nr. 1 und 2 genannten Zeiten sind keine Ruhepausen.

(4) Die Arbeitszeit darf 48 Stunden wöchentlich nicht überschreiten. Sie kann auf bis zu 60 Stunden verlängert werden, wenn innerhalb von vier Kalendermonaten oder 16 Wochen im Durchschnitt 48 Stunden wöchentlich nicht überschritten werden.

ArbZG

(5) Die Ruhezeiten bestimmen sich nach den Vorschriften der Europäischen Gemeinschaften für Kraftfahrer und Beifahrer sowie nach dem AETR. Dies gilt auch für Auszubildende und Praktikanten.

(6) In einem Tarifvertrag oder auf Grund eines Tarifvertrags in einer Betriebs- oder Dienstvereinbarung kann zugelassen werden,

1. nähere Einzelheiten zu den in Absatz 3 Satz 1 Nr. 1, 2 und Satz 2 genannten Voraussetzungen zu regeln,

2. abweichend von Absatz 4 sowie den §§ 3 und 6 Abs. 2 die Arbeitszeit festzulegen, wenn objektive, technische oder arbeitszeitorganisatorische Gründe vorliegen. Dabei darf die Arbeitszeit 48 Stunden wöchentlich im Durchschnitt von sechs Kalendermonaten nicht überschreiten.

§ 7 Abs. 1 Nr. 2 und Abs. 2a gilt nicht. § 7 Abs. 3 gilt entsprechend.

(7) Der Arbeitgeber ist verpflichtet, die Arbeitszeit der Arbeitnehmer aufzuzeichnen. Die Aufzeichnungen sind mindestens zwei Jahre aufzubewahren. Der Arbeitgeber hat dem Arbeitnehmer auf Verlangen eine Kopie der Aufzeichnungen seiner Arbeitszeit auszuhändigen.

(8) Zur Berechnung der Arbeitszeit fordert der Arbeitgeber den Arbeitnehmer schriftlich auf, ihm eine Aufstellung der bei einem anderen Arbeitgeber geleisteten Arbeitszeit vorzulegen. Der Arbeitnehmer legt diese Angaben schriftlich vor.

SIEBTER ABSCHNITT
STRAF- UND BUSSGELDVORSCHRIFTEN

§ 22
Bußgeldvorschriften

(1) Ordnungswidrig handelt, wer als Arbeitgeber vorsätzlich oder fahrlässig

1. entgegen §§ 3, 6 Abs. 2 oder § 21a Abs. 4 jeweils auch in Verbindung mit § 11 Abs. 2, einen Arbeitnehmer über die Grenzen der Arbeitszeit hinaus beschäftigt,

2. entgegen § 4 Ruhepausen nicht, nicht mit der vorgeschriebenen Mindestdauer oder nicht rechtzeitig gewährt,

3. entgegen § 5 Abs. 1 die Mindestruhezeit nicht gewährt oder entgegen § 5 Abs. 2 die Verkürzung der Ruhezeit durch Verlängerung einer anderen Ruhezeit nicht oder nicht rechtzeitig ausgleicht,

4. einer Rechtsverordnung nach § 8 Satz 1, § 13 Abs. 1 oder 2, § 15 Abs. 2a Nr. 2, § 21 Absatz 1 oder § 24 zuwiderhandelt, soweit sie für einen bestimmten Tatbestand auf diese Bußgeldvorschrift verweist,

5. entgegen § 9 Abs. 1 einen Arbeitnehmer an Sonn- oder Feiertagen beschäftigt,

6. entgegen § 11 Abs. 1 einen Arbeitnehmer an allen Sonntagen beschäftigt oder entgegen § 11 Abs. 3 einen Ersatzruhetag nicht oder nicht rechtzeitig gewährt,

7. einer vollziehbaren Anordnung nach § 13 Abs. 3 Nr. 2 zuwiderhandelt,

8. entgegen § 16 Abs. 1 die dort bezeichnete Auslage oder den dort bezeichneten Aushang nicht vornimmt,

9. entgegen § 16 Abs. 2 oder § 21a Abs. 7 Aufzeichnungen nicht oder nicht richtig erstellt oder nicht für die vorgeschriebene Dauer aufbewahrt oder

10. entgegen § 17 Abs. 4 eine Auskunft nicht, nicht richtig oder nicht vollständig erteilt, Unterlagen nicht oder nicht vollständig vorlegt oder nicht einsendet oder entgegen § 17 Abs. 5 Satz 2 eine Maßnahme nicht gestattet.

(2) Die Ordnungswidrigkeit kann in den Fällen des Absatzes 1 Nr. 1 bis 7, 9 und 10 mit einer Geldbuße bis zu dreißigtausend Euro, in den Fällen des Absatzes 1 Nr. 8 mit einer Geldbuße bis zu fünftausend Euro geahndet werden.

§ 23
Strafvorschriften

(1) Wer eine der in § 22 Abs. 1 Nr. 1 bis 3, 5 bis 7 bezeichneten Handlungen

1. vorsätzlich begeht und dadurch Gesundheit oder Arbeitskraft eines Arbeitnehmers gefährdet oder

2. beharrlich wiederholt, wird mit Freiheitsstrafe bis zu einem Jahr oder mit Geldstrafe bestraft.

(2) Wer in den Fällen des Absatzes 1 Nr. 1 die Gefahr fahrlässig verursacht, wird mit Freiheitsstrafe bis zu sechs Monaten oder mit Geldstrafe bis zu 180 Tagessätzen bestraft.

ACHTER ABSCHNITT
SCHLUSSVORSCHRIFTEN
§ 24
Umsetzung von zwischenstaatlichen Vereinbarungen und Rechtsakten der EG

Die Bundesregierung kann mit Zustimmung des Bundesrates zur Erfüllung von Verpflichtungen aus zwischenstaatlichen Vereinbarungen oder zur Umsetzung von Rechtsakten des Rates oder der Kommission der Europäischen Gemeinschaften, die Sachbereiche dieses Gesetzes betreffen, Rechtsverordnungen nach diesem Gesetz erlassen.

§ 25
Übergangsregelung für Tarifverträge

Enthält ein am 1. Januar 2004 bestehender oder nachwirkender Tarifvertrag abweichende Regelungen nach § 7 Abs. 1 oder 2 oder § 12 Satz 1, die den in diesen Vorschriften festgelegten Höchstrahmen überschreiten, bleiben diese tarifvertraglichen Bestimmungen bis zum 31. Dezember 2006 unberührt. Tarifverträgen nach Satz 1 stehen durch Tarifvertrag zugelassene Betriebsvereinbarungen sowie Regelungen nach § 7 Abs. 4 gleich.

Gesetz zur Regelung der Arbeitszeit von selbständigen Kraftfahrern (KrFArbZG)

Gesetz zur Regelung der Arbeitszeit von selbständigen Kraftfahrern vom **11. Juli 2012** (BGBl. I S. 1479)

das zuletzt durch Artikel 3 des Gesetzes vom 16. Mai 2017 (BGBl. I S. 1214) geändert worden ist

§ 1 Anwendungsbereich

Dieses Gesetz regelt die Arbeitszeit von selbständigen Kraftfahrern im Sinne von Artikel 3 Buchstabe e der Richtlinie 2002/15/EG des Europäischen Parlaments und des Rates vom 11. März 2002 zur Regelung der Arbeitszeit von Personen, die hauptsächlich Fahrtätigkeiten im Bereich des Straßentransports ausüben (ABl. L 80 vom 23.3.2002, S. 35) bei Beförderungen im Straßenverkehr im Sinne der Verordnung (EG) Nr. 561/2006 des Europäischen Parlaments und des Rates vom 15. März 2006 zur Harmonisierung bestimmter Sozialvorschriften im Straßenverkehr und zur Änderung der Verordnungen (EWG) Nr. 3821/85 und (EG) Nr. 2135/98 des Rates sowie zur Aufhebung der Verordnung (EWG) Nr. 3820/85 des Rates (ABl. L 102 vom 11.4.2006, S. 1) oder des Europäischen Übereinkommens vom 1. Juli 1970 über die Arbeit des im internationalen Straßenverkehr beschäftigten Fahrpersonals (AETR) (BGBl. 1974 II S. 1473, 1475). Die Vorschriften der Verordnung (EG) Nr. 561/2006 und des AETR bleiben unberührt.

§ 2 Begriffsbestimmungen

(1) Arbeitszeit im Sinne dieses Gesetzes ist die Zeitspanne zwischen Arbeitsbeginn und Arbeitsende ohne Ruhepausen, in der sich der selbständige Kraftfahrer an seinem Arbeitsplatz befindet, dem Kunden zur Verfügung steht und während der er seine Funktionen und Tätigkeiten ausübt; dies umfasst nicht allgemeine administrative Tätigkeiten, die keinen direkten Zusammenhang mit der gerade ausgeführten spezifischen Transporttätigkeit aufweisen.

(2) Abweichend von Absatz 1 ist keine Arbeitszeit

1. die Zeit, während der sich der selbständige Kraftfahrer entsprechend der Vereinbarung mit dem Kunden am Arbeitsplatz bereithalten muss, um seine Tätigkeit aufzunehmen;

KrFArbZG

2. die Zeit, während der sich der selbständige Kraftfahrer nach der Vereinbarung mit dem Kunden bereithalten muss, um seine Tätigkeit aufnehmen zu können, ohne sich an seinem Arbeitsplatz aufhalten zu müssen;

3. die während der Fahrt neben dem Fahrer oder in einer Schlafkabine verbrachte Zeit, wenn sich der selbständige Kraftfahrer mit einem anderen Fahrer beim Fahren abwechselt.

Für die Zeiten nach Satz 1 Nummer 1 und 2 gilt dies nur, wenn der Zeitraum und dessen voraussichtliche Dauer im Voraus, spätestens unmittelbar vor Beginn des betreffenden Zeitraums bekannt sind. Die in Satz 1 genannten Zeiten sind keine Ruhezeiten. Die in Satz 1 Nummer 1 und 2 genannten Zeiten sind keine Ruhepausen.

(3) Nachtarbeit ist jede Arbeit zwischen 0 Uhr und 4 Uhr.

(4) Eine Woche umfasst den Zeitraum von Montag 0 Uhr bis Sonntag 24 Uhr.

§ 3 Arbeitszeit

(1) Der selbständige Kraftfahrer darf eine Arbeitszeit von 48 Stunden wöchentlich nicht überschreiten. Er kann seine Arbeitszeit auf bis zu 60 Stunden verlängern, wenn er innerhalb von vier Kalendermonaten im Durchschnitt nicht mehr als 48 Stunden wöchentlich arbeitet.

(2) Leistet der selbständige Kraftfahrer Nachtarbeit, darf er in einem Zeitraum von jeweils 24 Stunden nicht länger als zehn Stunden arbeiten.

§ 4 Ruhezeiten

Die täglichen und wöchentlichen Ruhezeiten bestimmen sich nach den Vorschriften der Europäischen Gemeinschaften für Kraftfahrer sowie nach dem AETR.

§ 5 Ruhepause

Ein selbständiger Kraftfahrer darf nicht länger als sechs Stunden hintereinander ohne Ruhepause arbeiten. Die Arbeit ist durch Ruhepausen von mindestens 30 Minuten bei einer Arbeitszeit von mehr als sechs bis zu neun Stunden und 45 Minuten bei einer Arbeitszeit von mehr als neun Stunden insgesamt zu unterbrechen. Die Ruhepausen nach Satz 2 können in Zeitabschnitte von jeweils mindestens 15 Minuten aufgeteilt werden.

Anhang

§ 6 Aufzeichnungspflicht

Der selbständige Kraftfahrer ist verpflichtet, seine Arbeitszeit täglich aufzuzeichnen, soweit sie nicht durch einen Fahrtenschreiber nach der Verordnung (EU) Nr. 165/2014 des Europäischen Parlaments und des Rates vom 4. Februar 2014 über Fahrtenschreiber im Straßenverkehr, zur Aufhebung der Verordnung (EWG) Nr. 3821/85 des Rates über das Kontrollgerät im Straßenverkehr und zur Änderung der Verordnung (EG) Nr. 561/2006 des Europäischen Parlaments und des Rates zur Harmonisierung bestimmter Sozialvorschriften im Straßenverkehr (ABl. L 60 vom 28.2.2014, S. 1) aufgezeichnet wird. Die Aufzeichnungspflicht gilt nicht für allgemeine administrative Tätigkeiten, die keinen direkten Zusammenhang mit der gerade ausgeführten spezifischen Transporttätigkeit aufweisen. Die Aufzeichnungen sind ab Erstellung mindestens zwei Jahre aufzubewahren.

§ 7 Aufsichtsbehörden

(1) Die Einhaltung dieses Gesetzes wird von den nach Landesrecht zuständigen Behörden (Aufsichtsbehörden) überwacht.

(2) Die Aufsichtsbehörde kann die erforderlichen Maßnahmen anordnen, die der selbständige Kraftfahrer zur Erfüllung der sich aus diesem Gesetz ergebenden Pflichten zu treffen hat.

(3) Die Aufsichtsbehörde kann vom selbständigen Kraftfahrer die für die Durchführung dieses Gesetzes erforderlichen Auskünfte verlangen. Sie kann insbesondere vom selbständigen Kraftfahrer verlangen, die Aufzeichnungen nach § 6 vorzulegen oder zur Einsicht einzusenden.

(4) Die Beauftragten der Aufsichtsbehörde sind berechtigt, die Arbeitsstätten während der Betriebs- und Arbeitszeit zur Prüfung der Einhaltung dieses Gesetzes zu betreten; außerhalb dieser Zeit oder wenn sich die Arbeitsstätten in einer Wohnung befinden, dürfen sie ohne Einverständnis des Inhabers nur zur Verhütung von dringenden Gefahren für die öffentliche Sicherheit und Ordnung betreten werden. Der selbständige Kraftfahrer hat das Betreten der Arbeitsstätten zu gestatten. Das Grundrecht der Unverletzlichkeit der Wohnung (Artikel 13 des Grundgesetzes) wird insoweit eingeschränkt.

(5) Für die zur Auskunft verpflichtete Person gilt § 55 der Strafprozessordnung entsprechend.

§ 8 Bußgeldvorschriften

(1) Ordnungswidrig handelt, wer vorsätzlich oder fahrlässig

1. entgegen § 3 Absatz 1 Satz 1 die wöchentliche Arbeitszeit überschreitet,
2. entgegen § 3 Absatz 2 länger als zehn Stunden arbeitet,
3. entgegen § 5 Satz 1 länger als sechs Stunden hintereinander arbeitet,
4. entgegen § 5 Satz 2 die Arbeit nicht oder nicht richtig unterbricht,
5. entgegen § 6 Satz 1 oder Satz 3 eine Aufzeichnung nicht, nicht richtig, nicht vollständig oder nicht rechtzeitig erstellt oder nicht oder nicht mindestens zwei Jahre aufbewahrt,
6. einer vollziehbaren Anordnung nach § 7 Absatz 2 oder Absatz 3 zuwiderhandelt oder
7. entgegen § 7 Absatz 4 Satz 2 das Betreten der Arbeitsstätte nicht gestattet.

(2) Die Ordnungswidrigkeit kann in den Fällen des Absatzes 1 Nummer 1, 2, 3 und 4 mit einer Geldbuße bis zu zehntausend Euro und in den übrigen Fällen mit einer Geldbuße bis zu fünftausend Euro geahndet werden.

§ 9 Inkrafttreten

Dieses Gesetz tritt am 1. November 2012 in Kraft.